삐딱한 나 선생의
학교 바로보기

애들아   선생님

안 하는 게 아니라 '안 함'을 하고 있어요.

이 아이는 우리 아이잖아요.

난 어려도 선생님입니다.

교사라면 당연히 해야 하는 거 아냐?

난 당신과 함께 아이를 키우고 싶습니다.

선생님이 해 주세요.

삐딱한 나 선생의   나영상 씀

학교 바로보기

단비
danbi

✠＊✽＊✾＊✠

저는 삐딱한 사람입니다.

어릴 적 할머니 집에서는 왜 우리 엄마만 일하냐고 말했고(커서는 딸과 며느리가 다르다는 걸 알았지만 아직도 여전히 이해할 수 없으며), 학창 시절엔 뭉쳐서 약한 애들만 괴롭히던 일진들이 싫었고, 대학생 땐 선배랍시고 술을 억지로 먹이고 굴리던 알량한 권력을 거부했습니다.

교사가 된 후로도 여전히 부당한 건 부당하다고 말해야 하는 사람인데, 말은 할수록 문제가 생기더군요. 어린 사람에겐 듣는 역할이 필요하지 말할 기회는 흔치 않았고, 말을 하려면 부딪치는 것도 감수해야 했지요.

글은 달랐습니다. 누구도 날 막지 않고, 흐름을 끊지도 않았습니다. 제 목소리를 온전히 전할 수 있으니 속이 시원해졌습니다. 글로 마음을 풀고 나면 현실에서도 덜 싸우게 되었습니다.

글을 쓰면서 제 자신도 더 단단해졌습니다. 옳은 말을 하기 위해 내 생각을 다듬었고, 잘 전달하기 위해 내 말과 글을 다듬었습니다. 나의 삶, 나의 길을 분명히 하고, 타인의 말에 흔들리지 않을 수 있었습니다.

이 책의 시작은 '난 송곳입니다'로 하고 싶네요. 2017년 대선 토론을 보며 적은 글입니다. 5년 전 글을 쓰고, 책을 내고, 강연자가 되겠다던 다짐이 이루어졌습니다. 물론 마음만이 아닌 그 시간 동안 읽고 쓴 과정이 있기에 가능했겠지요.

최근 송길영의 《그냥 하지 말라》는 책을 읽었습니다. 가장 깊이 남는 메시지는 '일어날 일은 일어난다'는 것입니다. 당신이 진정 원해서 이미 움직이고 있는 것들은 분명 이루어질 것입니다. 이 책을 읽는 여러분의 삶에도 행복한 많은 것들이 이루어지길 바랍니다.

난 송곳입니다

난 할 말을 합니다.
때론 못 할 말도 합니다.
그래서 날 말리는 사람이 많지요.

뚜껑 달린 송곳

30%만 줄여라.
맞는 말인 건 알겠는데 좀 부드럽게 표현하라고.

맞아요.
제가 앞으로 발전해야 할 방향이기도 합니다.

뚜껑 달린 송곳
필요할 때만 사용할 수 있도록.

아직은 정말 수련이 부족한가 봐요.
자꾸 뚜껑이 열리니까요.

부드러운 송곳

전 부드러워지긴 어려울 것 같아요.
대선 토론을 봐 봐요.
부드럽다고도 욕먹잖아요.

무엇보다 이게 저인걸요.
송곳을 보고 부드러워지라니
전 그럼 더 이상 제가 아니게 돼요.

알고 있어요.

송곳은 날카로워요.
부담스럽고 위험하게 느껴지지요.

가까이 두기는 불안해요.
심지어 자꾸 찔러 대니 좋을 리가 있나요.
이제는 알 것 같아요.
제가 당신의 주머니에 있을 수는 없다는 걸.

송곳이 있을 곳

누군가는 이런 얘기도 하더군요.
다 아는 듯한 말투가 위험하다고.
가르치는 듯한 말투가 기분 나쁘다고.

맞아요.
똑같은 인간인데 열이 받죠.
하지만 대선 후보 다섯 명도 자신이 옳다 하잖아요.
우리 모두는 나름의 기준으로 판단을 하고
옳다 그르다 하잖아요.

그럼 또 이렇게 말할 것 같아요.
"네가 그렇게 잘난 놈이냐. 네 말은 다 옳은 거냐."

저도 확신하는 건 위험한 줄 알아요.
그래서 글로 남깁니다.
틀린 것이라면 알려 주세요.
확인하고 고치고 대화하겠습니다.

가르치는 말투는 조심하겠습니다.
제 아무리 잘난 사람이래도 옆에서 계속
잔소리를 하는 건 견디기 어려운 일이죠.
당신과는 조금 멀리 서서
필요한 때를 기다리고 있을게요.

이제는 제가 있을 곳이 어디인지 조금씩 알 것 같아요.
전 이제 글을 쓰고, 책을 내고,
강연자가 되어야겠습니다.
당신이 필요할 때 쓸 수 있는 송곳이 되기 위해서.

학교 바로보기

세상 바로보기

가정으로 보내는 편지

교실 바로보기

선을 넘는 아이들

"참는데도 한계가 있어!"
정말 선생님 머리 꼭대기에서 노는 애들이 있다.
그런데… 내 머리 꼭대기는 어디에 있지?

관심종자

학급에 한둘은 있는, 관심이 필요한 아이
머리에 두건을 쓰고, 핀을 꽂고, 줄로 묶고
삐삐가 되기도, 사무라이가 되기도.

쉬는 시간에만 그러고 논다면 말도 안 하지.
적당히 친구들하고 놀 만큼 하고
빼 주면 얼마나 고마울까.
급식실을 가고, 전담을 가도,
동생들이 놀려도 저러고 있네.

"하지 마라. 수업 분위기 흐린다."
내가 말리지 않으면 점점 더 심해지니까.
관심을 주고 싶지 않은데, 신경이 쓰이는 게 싫어서.

어떻게 보면 악의적이진 않은데
어느 정도는 개인의 자유일 수 있는데
얘는 얼마만큼을 허용해 줘야 내 범위 안에 있을까.

만화책

"선생님~ 학교에서 만화책 읽어도 돼요?"
"도서관에 있는 학습만화 정도는 괜찮을 거 같은데."
"어! 도서관에도 만화책 있던데요? 그럼 그건 되죠?"

그 이름하야 '슬램덩크'

"뜨거운 코트를 가르며 너에게 가고 있어~~"

이름을 아는 사람이라면 이 만화의 감동도 알 것이다.

폭력성, 선정성도 낮은 데다 도서관에 들어오는

인증(?)도 거쳤으니.

그러나 제한이 풀리면 그 한계를 시험하는 애들이 있다.

이젠 집에서 만화책을 가져오는 아이도 생겼다.

이 만화는 좀 더 잔인했고, 일부 야했다.

일정 기간 허용하고 집으로 가져가게 했다.

아침 시간에 만화책만 펴는 것도 문제라 느꼈다.

만화책은 눈앞에서 사라졌지만,

내 머릿속엔 계속 남았다.

나도 즐겨 보는 웹툰이 있지 않나.

요즘엔 아예 책으로 나오는 웹툰도 많은데

글로 적힌 소설은 괜찮고,

거기에 그림을 그리면 나빠지나.

폰으로 웹툰 보는 건 금지라면서,

도서관엔 〈송곳〉, 〈신과 함께〉 단행본이 있는데.

분명 나는 옳고 그름의 기준을 정해
학급의 정의를 세워 왔다.
하지만 점점 내가 옳다고 생각한 경계가 흐려진다.
나는 얼마만큼을 허용할 수 있는 교사일까.

다리 꼬지 마

난 정말 이렇게 고민하고, 좋게 생각해 보려고도 한다.
그럼에도 화가 나는 건
이 모든 일이 한 명의 일이기 때문이다.
가끔 그런다면 웃고 넘기기도 할 텐데,
했던 애가 계속하니 얄미워진다.

그런 애가 수업 시간 다리까지 꼬고 앉았다.
"야! 넌 그게 편하냐? 바르게 앉아!"
그렇게 말하고 있는 내 다리가 꼬여 있다.

'헉… 내가 좀 강하게 말하려다 이리됐나?'
담배에 불을 붙이며
'담배는 피우지 마' 하는 느낌에 민망했다.

생각해 보면 나도 앉아 있다가
그냥 이쪽저쪽으로 다리를 꼬곤 하는데.

두발 규정이 있었을 땐 어땠을까.
"요놈이 5cm나 더 길어 왔네?
일로 와! 고속도로 만들어 줄게!"
그 당시 선생님들은 머리카락 길이를 보며
화를 내야 하나 말아야 하나 고민했겠다 싶다.

아직도 중등은 두발 제한이 남아 있다지만
초등은 자유롭다.
노란 머리를 보든, 파마머리를 보든
화나지 않으니 다행이다.
언젠간 다리를 꼬든,
껌을 씹든 신경 쓰이지 않는 날이 오려나.

내 선을 시험하는 아이들 덕분에
내 생각의 한계를 점검하고 다시 세우게 된다.
아무리 〈펜트하우스〉고 〈오징어 게임〉이고
다 본다는 요즘 초딩이라지만
커피우유는 인정해도,

전담시간을 전자담배 시간이 되게 허용할 순 없으니.
교사란 아이들과 이 보이지 않는 선을
밀당하는 직업이 아닌가 싶다.

규칙을 정하는 자

체육 시간, 비석치기를 하고 있었다.
"선생님, 팀 좀 바꿔 주세요. 쟤 너무 잘해요."
아무리 팀을 공정하게 짜려고 해도
밸런스가 정확히 맞진 않다.

오늘은 유독 한 친구가 여러 단계를 성공하고 있었다.
성공하는 경우 다음 단계에 바로 도전할 수 있어
혼자 거의 끝을 냈다.
'음, 좀 문제가 있구나.
성공해도 다음 사람으로 넘어가게 하는 게 낫겠는데.

그래, 그런 규칙 변경은 받아 줄 수 있겠다.'

하지만 얘는 자기가 불리하면 언제나 바꿔 달라 하더라.
물론 상황에 따라 꼭 필요하다면 받아들여야 하겠지만
아무리 옳은 말도 자신만을 위해 쓰니
좋아 보이지 않는다.

때론 반대의 모습도 발견하곤 한다.
"너는 이거 쉬운 거부터 넘어 봐."
상대에게 좀 더 쉬운 규칙을 적용하거나 배려하는.

경쟁 활동이 아니어서 혹은 상대를
무시해서가 아니었다.
보드 게임을 하든, 다른 어떤 수업 활동에서든
이 학생은 정해진 규칙 안에서 공정했다.

자신이 규칙 안에 머무르려 하는 노력뿐 아니라
친구가 규칙 안에 들어올 수 있도록 하는 노력.
규칙을 변경하거나 어드밴티지를 적용해
균형을 맞추는 모습.
'그래, 너한텐 규칙을 맡겨도 되겠다.'

한 명의 플레이어로서 세상을 보는 게 아니라
세상의 눈으로, 너 자신조차
하나의 플레이어로 볼 수 있는 사람.
이 민주주의 사회에서,
대부분 자신의 이익을 대변하는 시민으로 살겠지만
너는 그 시민들의 이익을 조율하는 사람으로서.

네 딴짓이 왜 내 거니

책 《미움받을 용기》에서는
너의 과제와 나의 과제를 분리하라고 한다.
타인의 과제를 지나치게 나의 것으로 여겨
생기는 문제가 있기에.
하지만 교사가 학생의 과제를
타인의 것으로 여기는 건 쉽지 않다.

너의 과제

수업 중에 딴짓하는 애들은 꼭 있다.
책에는 별을 그리고, 지우개는 똥을 만든다.
공부하라고 사 준 학용품일 텐데,
아주 좋은 장난감이 된다.
만약 수업 듣는 것을 학생의 과제로만 생각한다면
굳이 화를 낼 필요도, 신경 써서 바로잡을 필요도 없다.
그냥 옆집 아이처럼, 성인이 된 대학생처럼
두고 볼 뿐이다.

'공부 안 하면 지만 손해지.'
이렇게 생각하면 속 편할 텐데
교사로서의 책무는 가만히 두질 않는다.

학생을 가르치는 것이 교사의 본업이니
어쩌면 당연한 것이지만
좀 내려놓으라는 동료 선생님의 얘기가
맞는 것도 같지만
그래도 난 너의 과제를 나의 것이라 느끼기에
애쓰고 있다.

나의 과제

초임 때, 난 내가 수업을 잘한다 생각했다.
안 듣고 있으면 보게 했고, 딴짓을 하면 못 하게 했다.
학생을 잡는 일은 자신 있었고, 난 내 수업을 하면 됐다.

그러나 해가 가면서 야단치는 마음 한구석이
불편해졌다.
'얘가 딴짓을 하는 게 나 때문은 아닐까.
내가 좀 더 재밌게 수업하면 더 집중하지 않을까.'

처음에 딴짓은 온전히 학생의 잘못이라 생각했다.
점차 학생의 딴짓에 내 책임도 있지 않을까
생각이 들었다.
너의 과제는 혼낼 수 있었지만,
나의 과제가 되었을 땐 괴로워졌다.

물론 여전히 학생의 수업 태도를 잡으려 노력한다.
대신 나 또한 고민하고 공부하고 있다.
아마 평생 이 사이에서 버둥대지 않을까 싶다.

우리의 과제

딴짓하지 않고 선생님만 쳐다보는 학생들로 가득하길
기대하는 건 불가능에 가깝다.
또, 학생을 몰입시키는 교사로 성장하기까지
시간이 많이 필요하다.
우리는 그래도 같이 살아가야 한다.

내가 만난 넌 아직 초등학생인걸.
중학교, 고등학교 지나면서 조금씩 나아지겠지.
또 어른이 되어 딴짓하고 싶지 않을 정도로
몰입하는 그런 일을 찾는다면.

난 아직 딴짓하는 학생을 보며 화가 나고, 괴로워하지만
나도 연구하고 발전해서,
딴짓하는 학생을 조금은 줄일 수 있기를.
아니, 줄이지는 못해도 딴짓하는 학생을
보듬어 주는 여유가 생기기를.

내가 언제까지라도 학생의 문제에 대해
고민하는 교사이기를.

학생은 언젠가는 삶을 스스로의 과제로 인식하기를.
우린 각자의 과제를 함께 풀고 있는 중이니까.

안 본 눈 삽니다

작은 학교는 편하다고들 한다.

데리고 있는 학생 수도 적고, 민원도 덜하다고.

하지만 적어서 힘든 점도 많다.

너만 보여

교사라면 누구나 모든 학생이 나에게 빨려드는,

그런 몰입감 있는 수업을 꿈꿀 것이다.

그래서 수업 연구를 하고, 다양한 활동을 준비한다.

그러나 학습 의욕 자체가 떨어져 있는 학생들도 있다.

큰 학교라면 '딴짓하고 있네' 정도로 보일 텐데
작은 학교는 거리가 너무 가까워
뭘 그리고 있는지도 다 보인다.
30명 중에 그런 학생이 3명이면 10%지만,
10명 중에 3명이면 30%다.

작아서 크게 보이는 건 공부뿐만이 아니다.
학생이 많으면 모르고 넘어갈 것도 눈에 띄는 게 많다.
마주하는 시간도, 마주치는 눈빛도 많다 보니
표정, 기분이 훤히 보인다.

자세히 보아야 예쁘다.
오래 보아야 사랑스럽다.

하지만 나는 잘하는 학생보다
안 하는 학생이 눈에 들어오고
웃고 떠드는 모습보다
슬프고 우울한 얼굴이 눈에 들어와서
나태주 시인은 풀꽃을 보며

그 아름다움을 느끼고 있을 때
나영상 교사는 교실에서 시들어 있는 아이의
아픔을 느낀다.

좋아 보여

작년엔 코로나로 실시간 줌 수업을 했다.
앱을 깔고, 접속시키는 것부터 쉽지는 않았다.
고학년이라 대부분 익숙해지고 잘했지만
유독 안 되는 친구가 있었다.

아내와 연애 시절에도 안 하던 모닝콜을
매일같이 해야 했다.
거의 속옷 차림으로 있어,
옷을 입으라고도, 씻고 오라고도 했다.
눈이 자꾸 다른 곳을 보고 있어 확인하면,
게임을 하거나 TV를 보고 있었다.

그러다 수업이 너무 끊겨 이대론 안 되겠다 싶었다.
아침 1, 2교시엔 얘기를 좀 하다가

적당한 선에선 놓았다.
성실히 접속하고 열심히 하는 다른 친구들에겐
큰 피해가 될 것 같았다.

하루는 나도 힘들어 정말 잘하는 학생의 화면을
고정해 봤다.
그 학생은 계속 화면에 집중하고, 내 말에 반응했다.
난 힐링이 되는 기분이었고, 수업이 즐거웠다.

어쩌면 비겁하다고 할지 모른다.
어렵고 힘든 학생을 더 많이 챙겨야 한다고.
하지만 난 잔소리하는 선생님에서
즐겁게 수업하는 선생님으로 바뀔 수 있었다.

보여 줄게

김종배의 〈시선집중〉
출근길 라디오에선 토론이 한창이었다.
촉법소년, 심각한 청소년 범죄에 관한 것이었다.

경찰학과 교수는 죄의식, 반성이 없는 청소년을
엄벌하고 정의를 세워야 한다고 했다.
변호사는 감정적 처벌이 아닌 교육,
지속 관리를 통한 변화 가능성을 말했다.
범죄자를 잡아야 하는 경찰과
범죄자도 상담하고 변호해야 하는 사람.

난 둘의 의견을 들으며 개인의 주된 경험이
세상을 바라보는 시각이 됨을 느꼈다.
뉴스에 나오는 극단적인 사례만 아니라면
교실에는 양쪽의 상황들이 많다.
아이의 눈이 아닌,
이미 악마가 되어 버린 것 같은 사악한 아이도.
조금만 신경 써 주면 나아질, 내면은 착한 아이도.

교사도 너무 나쁜 아이들만 보다 보면
처벌에 무게를 두게 된다.
나쁜 사람을 잡으려다 더 무섭고 험악해진
강력계 형사처럼.
난 경찰과 같은 규칙 적용의 단호함이
필요하다고 생각한다.

하지만 아이의 편에서 변호하려는 마음도
잃고 싶진 않다.

웃어 줄게.
예쁘게 말해 줄게.
좀 더 좋은 나를 보여 줄게.
그러려면 내가 나빠지지 않아야 하니까
난 너뿐만 아니라 옆의 다른 친구들도 봐야 하니까
또 다음 해에, 그다음 해에도
난 웃으며 아이들을 만나야 하니까
가끔은… 너무 힘들 땐,
널 모른 척하는 나도 이해해 주기를.

범인은 네 안에 있다

오리가 사라졌다.

태어난 지 얼마 안 된 새끼 오리였다.

그리고 전날 저녁 학교에 왔던 한 학생이 있었다.

의심의 이유

가장 먼저 범인으로 몰리는 건 당연히 그 아이다.

오후까지만 해도 있었던 오리가 사라졌으니.

또 그 아이를 본 목격자도 있었다.

평소에 행실도 똑 부러지지 않는 데다
비슷한 사건까지 있었기에 더 그랬다.
뭔가 그럴듯한 이유가 있다면
우린 그걸 합리적 의심이라 한다.
하지만 100% 이 학생이 범인이라 단정할 수는 없다.

교실에서 뭐가 없어져도 이런 경우가 생긴다.
누가 들고 다니는 걸 봤다느니
누가 도둑질한 적이 있다느니.
이런 종류의 사건은 확실한 물증 없이
추측과 주장이 난무하는 아수라장이 되기 쉽다.

물론 증거나 증언이 너무 명확할 때도 있다.
그래도 그 대답은 본인에게 직접 들어야 한다.
무죄 추정의 원칙은 TV에서만 나오는 말이 아니다.

확신의 오류

교무부장님은 그 학생을 불러 물었다.
학생은 본인이 한 게 아니라 어떤 아저씨가 가져갔다 했다.

교사는 학생이 거짓말을 한다고,
학생은 교사가 의심한다고 여겼다.

그날 저녁 아이 할머니의 전화를 받았다.
친구들은 오리 도둑이라 놀리고,
교무 선생님은 몰아세운다고.
난 의심부터 먼저 한 부분은 사과드리고,
상황에 대해 정확히 파악한 후 연락드리기로 했다.

범인이라고 인정하는 시점보다,
범인이라는 주장이 먼저 오면 위험하다.
그런 마음으론 확인이 아닌, 취조나 협박에 가까워진다.
의심이 확신이 되는 순간, 정답을 갖고도 위태롭다.

난 교무부장님께 얘기했다.
"저도 이 학생이 했을 확률이 높다는 생각은 들지만,
심증만으로 학부모님과 말하기는 어렵습니다.
제가 확실한 증거를 원하는 건
아이의 편을 들고자 하는 뜻이 아닙니다.
누가 범인인지를 찾는 결과보다,
무엇이 잘못되었는지를 아는 과정이

더 중요하다고 생각되기 때문입니다."

확인의 과정

여러 목격과 정황을 들어 보니 전체적인 윤곽이 잡혔다.
다른 누가 가져갔다는 얘기는 거짓말임을 인정했다.
오리 사육장 망을 뜯어서 오리가 탈출하게 했단다.

고학년인데, 몸도 정신도 너무 어린 아이다.
답답한 오리를 자유롭게 해 주고 싶다는
동화 같은 발상이라니.
자기는 훔쳐 가려는 의도가 아니었는데,
도둑이라고 하니 당장의 억울함만 남은 거다.

"먼저 책임질 수 없는 행동을 한 건 잘못이야.
이 오리는 학교에서 같이 키우기 위한 거야.
너 혼자만의 생각으로 결정해 버릴 문제가 아니지.
도망갔을 때 넌 감당할 수 없었고,
다른 동물에게 잡아먹힐 위험도 생겨.

그것보다 거짓말을 한 게 더 큰 잘못이야.
차라리 처음부터 솔직히 말했다면
일이 이렇게 커지진 않았지.
선생님은 네가 도둑질을 할 사람이라고 생각지는 않아.
하지만 훔치려는 의도는 아니었다고 해도,
오리가 사라진 원인은 네가 한 행동이니까.
거짓말로 도망가지 말고 인정할 건
인정해야 된다고 생각해.”

명탐정 코난은 이렇게 외친다.
'범인은 이 안에 있어!'
이 말이 멋지게 보이는 건 나중에 범인이
인정하기 때문이다.
'범인은 이 사람이야!'
처음부터 내 속에 이 아이를 범인으로 넣고 얘기했다면
솔직히 터놓지 않았을지 모른다.

난 반 학생들에게 말한다.
“누가 제 거 훔쳐 갔어요. 누가 제 식물 부러뜨렸어요.”
이미 범인이 있는 것처럼 단정 지어 말하지 말라고.
의심이 생기면, 확신하는 게 아니라 확인해야 한다는 걸.

차별을 대화하자

"쌤~ 차별하지 마요~"
교실에서 간혹 들을 수 있는 말이다.
학생들은 쉽게 뱉는 말일지 모르지만
그 의미는 가볍지 않다.

욕구와 차별

대부분 차별이란 말은 자신이 부당한 대우를
받았을 때 쓴다.

남자 또는 여자라서, 키가 작아서, 혹은 공부를 못해서.
어떤 조건으로 하지 못하거나 갖지 못할 때.

즉, '차별'이라 말하는 건 내가 욕구하고 있다는 걸
전제로 한다.
남자들만 축구를 하는 게 차별이 되는 건
여학생도 하고 싶을 때다.
여자들이 체육 시간에 쉬는 게 차별이라면,
나도 쉬고 싶다는 말이 된다.

내가 먹고 싶은 반찬을
누가 어떤 이유로 더 받아 가면 억울하다.
싫은 반찬은 많이 받아 가 주면 오히려 고마운 거다.
내 욕구가 아닌 것을 차별이라 말하지 않는다.

남자들만 놀고 있으면 여자애들이 차별이라 말한다.
남자들만 일을 시키면 남자는 힘이 세니까
당연한 것이라 말한다.
여자들만 심부름 시키면 여자애들만 예뻐한다고 말한다.
하지만 귀찮고 번거로운 일은
여자애들이 꼼꼼하고 잘하니까 시키라 한다.

아이들은 두 집단의 객관적인 차이보다
자신의 이해관계에 따라 판단한다.

"모두가 자신이 원하는 반찬만 가져간다면
 균형이 맞지 않아.
많이 먹는 친구는 맛있는 반찬도 많이 가져가지만
다른 반찬도 많이 가져가.
그 친구의 맛있는 반찬만 보며
차별을 말한다면 그건 솔직히 좀 치사해 보이는데."

'차별'이란 단어를 자신의 입맛대로만 사용하는 친구,
매번 비교하고 까칠하게 구는
몇몇 친구들은 특히 교육이 필요하다.
차별은 너의 이기심만을 채우기 위한 말이 아니란 것을.

배려와 제한

물론 이기심은 인간의 기본적 특성이다.
누구나 억울한 상황에 처할 수 있다는 것도 안다.
그러나 문제를 '차별'의 프레임에 넣는 건 막고 싶다.

체육 시간에 수업을 하면 어쩔 수 없이 남녀가 갈린다.
운동 능력, 선호하는 종목 따위로, 고학년은 특히.
자유 시간을 주면 남자는 축구, 여자는 피구다.

축구를 같이 하면 여자들은 걸어 다닌다고 욕먹는다.
피구를 같이 하면 남자들은 세게 던진다고 욕먹는다.
종목을 나누는 건 집단 성향에 따른 선택을
교사가 배려했을 뿐이다.

문제는 집단에서 평균적이지 않은 것을 욕구할 때이다.
남자 중에서 피구를 하고 싶거나,
여자 중에서 축구를 하고 싶은 친구가 있을 때.
집단이 가지고 있는 특성이 때론 개인을 제한하기도 한다.

교사가 남자들만 축구를 시킨 게 차별이라 말하기 어렵다.
여학생이 축구를 하고 싶은 욕구가 잘못된 게 아니다.
평균을 지켜야 하는 교사와 특별한 너,
우린 대화할 수 있다고 믿는다.

평균과 편견

평균적으로 덩치가 큰 아이가
작은 아이에 비해 많이 먹는다.
그러나 반대로 마른 애가 엄청 먹거나
뚱뚱해도 적게 먹는 경우도 있다.
가끔 오시는 배식 도우미 어르신은
겉모습만 보고 주시기에 불평하는 아이들이 있다.

자주 보는 담임교사나 조리사는 학생마다
얼마큼 먹는지를 안다.
안 남기고 잘 먹는 친구들은 많이 주고,
맛있는 거만 받으려는 친구들은 다 먹고 더 받으라 한다.
모르면 평균으로 대하고, 알면 개별로 대한다.

평균을 인식하는 것이 곧 차별인 것은 아니다.
그러나 평균으로 모두를 대하면 편견이 되기 쉽다.
편견이 되지 않으려면 한 명 한 명을 알고
가능성을 열어야 한다.

"보통 칠판 당번은 키가 큰 친구가 많이 해.

높은 데까지 닦을 수 있으니까.
그렇다고 작은 친구가 못 하는 건 아니야.
점프를 뛰건, 의자를 놓든 정말 원한다면 할 수 있어.

여학생이 축구를 좋아하는 것도 마찬가지야.
남자랑 하려면 불편하고,
같이 하려는 동성 친구는 주변에서 찾기도 힘들어.
하지만 반대로 생각해 보면 축구를 하려는
여자가 적으니까
국가대표가 될 가능성도 높겠지.

내가 교사로서 전체를 이끌려면 평균에 맞춰야 되는
상황들이 있어.
그래도 만약 남들과는 다른 뭔가가 필요하다면 얘기해 줘.
차별로 느낀다는 건,
남들과 '차'이가 있는 특'별'한 사람이라는 거니까.
차별을 대화할 수 있다면,
우리에겐 그 어떤 차이도 별로 중요한 일이 아닐 테니."

놀릴 수 있는 관계

난 〈개그콘서트〉를 즐겨 봤다.

그 안의 많은 방식이 놀리는 것이다.

놀림에 웃을 수 있으면 개그고 아니면 상처다.

예민함

피구 경기를 하다 한 아이의 머리에 맞았다.

그 아이는 던진 아이를 혼내 주길 바랐다.

그러나 난 반대로 했다.

"피구 경기는 맞히기 위한 게임이야.
일부러 의도해서 얼굴을 노렸다면 문제가 있겠지.
하지만 맞을 수도 있다는 걸
합의하지 않으면 같이 할 수 없어."

맞히면 난리 치는 친구와 하는 피구 경기.
말 한마디 하면 발끈해서 "빼액~~" 하는 아이.
함께하기 부담스러운 지나치게 예민한 친구들.

대부분 놀리는 학생을 야단친다.
그러나 가끔은 놀림당한 학생을
조정해 줘야 할 필요도 있다.
최소한 공은 주고받을 수 있는 학급을 위해서 말이다.

수용적

〈개그콘서트〉는 짜인 것이다.
웃기기 위해 돼지라고 놀려도, 뺨을 맞아도 웃는다.
교실에도 어느 정도 받아 주는
스펀지 같은 공간이 필요하다.

수업 시간에 헛소리 한번 했다고
정색하는 교사라고 생각해 보라.
학생들은 주눅 들어서 말도 못 꺼낸다.
매번 받으면 엉망이 되지만,
가끔 위트 있게 받아 주면 아주 밝은 수업 분위기가 된다.

친구 사이도 마찬가지이다.
지나친 장난이나 공격은 좋지 않다.
그렇다고 조용히 가라앉은 분위기도 좋지 않다.

물론 수업 시간에 지켜야 할 기본이 있듯,
장난에도 정도가 있다.
부모님의 이혼, 신체적인 결함 같은
치명적 상처는 건드리면 안 된다.
또한, 놀릴 수 있는 건 아무에게나 허락되는 게 아니다.

상호적

간혹 평등하지 않은 놀림을 본다.
A는 B의 별명을 부르는데 B는 A에게 못 부르는 경우.

같이 자주 다니고 놀면서도
어딘가 위아래로 느껴지는 관계.

반면에 항상 투닥거리는 친구도 있다.
서로 틈만 나면 약 올리고 놀리는 일상의 반복.
좋지 않은 마음으로 시작한 말은 장난도 장난이 아니다.

"나는 우리가 서로 놀릴 수 있는 관계였으면 좋겠어.
상대방을 함부로 대하라는 말은 절대 아니야.
누군가가 일방적으로 놀리는 건 옳지 않아.

그래도 우리 삶에 나를 놀려도 되는 존재로 인정한 사람이
한 명쯤은 있어도 좋을 것 같아.
너를 놀려도 화내지 않고,
나를 놀려도 기분 나쁘지 않은 그런 친구.
장난이 가능한 관계 속에
우린 좀 더 부드러워질 수 있지 않을까."

센 놈들

교실에 센 놈들이 있다.
또래보다 센 걸 넘어 나보다 센 놈들.
5, 6학년 큰 애들은 애라고 부를 수준을 넘어선다.

힘

난 키가 작다.
5학년만 돼도 우러러봐야 하는 학생이 생긴다.
덩치까지 큰 남학생이면, 솔직히 쫄리는(!) 느낌도 있다.

남교사인 나도 이런데, 여교사는 오죽할까.

난 지금 성을 가지고 말하고 싶은 게 아니다.

누구나 상대의 힘을 본능적으로 느낀다는 말이다.

힘을 가진 친구가 좋은 리더라면 얼마나 좋겠는가.

덩치만 큰 순진한 아이여도 좋을 것이다.

그 힘이 나를 향할 때 문제가 된다.

나도 키가 컸으면, 더 무섭게 생겼으면 생각한 적도 있다.

운동을 해서 근육을 키우면 나을까 싶기도 했다.

그러나 더 큰 힘으로 제압하는 게 옳은 방향은 아니리라.

옳은 힘

너희들 사이에서도 힘의 차이가 있다.

만약 누군가 더 세다는 이유로

함부로 한다면 억울할 것이다.

힘이 상대방을 누르는 것으로 쓰인다면 말이다.

이건 너희와 나 사이에도 마찬가지이다.

잘못된 것을 억지로 지시한다면 속으론 미워할 것이다.
내가 힘만으로 너희의 위에 있다면 말이다.

우리 반에 나보다 더 힘이 센 친구가 있을 수 있다.
그러나 그 힘이 옳지 못하다면
누구도 인정하지 않을 것이다.
너희들의 눈에 만약 내가 옳지 못한 힘을 쓴다면
꼭 얘기해 주길 바란다.

힘을 옳게 쓰지 못하면 폭력이 된다.
힘은 불과 같아서 그 자체에 옳고 그름이 없다.
오직 그것을 쓰는 사람의 정의에 따를 뿐이다.

힘의 방향

급식 시간, 자리가 부족하다.
"넌 저기 가서 앉아~"
"왜 제가 가야 돼요!"
"그냥 앉으라면 앉아!!"
저학년이면 억울해도 먹힐지 모른다.

그러나 힘으로 누르면 터질 때까지 압력이 쌓인다.

"나도 모두 원하는 자리에 앉을 수 있으면 좋겠어.
하지만 오늘처럼 원치 않는 빈자리에
앉아야 하는 일이 또 생길지 몰라.
분명 싫은 일인 건 알지만 누군가는 그래야만 하는데…
날 도와줄 수 없을까?"

한두 번의 말만으로 변화를 기대하긴 어렵겠지만
그래도 나만 손해 본다는 억울함을
도와주는 마음으로 바꿀 수 있기를.
반대로 향하던 그 힘이 나와 같은 방향이 될 수 있도록.

쉬는 시간

얘들아.

제발 "수업 시작한다" 하면 "선생님 저 화장실…"

이러지 좀 말자.

쉬는 시간은 우선 쉬하는 시간이지.

똥튀

애들아.

제발!! 똥을 싸면 물을 내리자.

너는 볼일을 보고 갔겠지만.

다음 사람은 정말 못 볼 일이다.

우리 사이가 가장 깨끗해

으슥한 뒷골목 같은
막힌 하수구가 되어 버린
더럽혀진, 버려진 공간이 교실에도 있다.

책임 없음

교실 앞에 사탕 봉지가 굴러다닌다.
"○○아~ 이거 좀 줍자.
아~! 이거 제가 버린 거 아니에요!!"

교실 뒤엔 연필심이 자기 혼자 그림을 그린다.
"○○아~ 연필심 좀 줍자.
쌤!! 저 연필 안 쓰거든요?!"

그래⋯
그 쓰레기는 네가 버린 게 아닐 수 있지.
교실 앞, 뒤 공간은 꼭 누구의 자리는 아니지.

그래도 누군가는 주워야 할 텐데
끝까지 범인을 잡아 해결할 게 아니라면
어쩌면 내 책임이 아닌 것들이라 가장 더러워지는지도.

책임의 경계

언젠가 자기 자리 청소를 시켰다.
대청소를 시키긴 애매하고, 간단히 하라고.
그러나 한 것도 아니고 안 한 것도 아닌
애매한 상태가 되었다.

아이들은 열심히 청소했다.

각자의 자리는 깨끗해졌다.
한데 책상 사이사이는 하나도 안 치워졌다.

"이거 아까 네가 쓴 거잖아!"
난 빨리 협동해서 끝내길 바랐는데
오히려 서로 미루는 분쟁의 소리가 커졌다.

그래…
내가 하지 않은 걸 치우면 억울하지.
내가 무한정, 교실 전체를 책임질 순 없지.
그래도 우리가 함께 살기 위해서는
더 큰 약속이 필요하겠구나.

책임 너머

얘들아, 친구가 된다는 건 네 밥은 네가 먹고
내 밥은 내가 먹는 게 아니란다.
밥을 함께 먹으려고 내가 싫은 것도 먹어 보고,
내가 먹고 싶은 걸 포기도 하는 거란다.
'이건 내 과자니까, 넌 네 과자 갖고 와서 먹어!'

하는 사람과는 친구 하고 싶지 않지.

교실 청소도 마찬가지야.
내가 흘린 건 내가 치우는 게 맞긴 하지.
하지만 이 쓰레기가 내 것이 아니더라도,
누구든 흘릴 수 있는 거야.
내가 흘린 걸 때론 네가 주울 수도, 네가 흘린 걸
내가 주울 수도 있는 게 '우리의 공간'이란다.

처음엔 책상 사이가 가장 더러웠어.
아무도 그 사이는 빗자루로 쓸려고 하지 않았기 때문에.

우리 한 뼘씩만 더 쓸어 보자.
딱 내 자리만큼이 아닌, 내 주변으로 한 뼘.
너도 한 번, 나도 한 번,
우리 사이는 두 번 쓸게 될 거니까.
우리의 사이는 두 배 더 깨끗해질 테니까.

개념

또 새 학기가 시작된다.

학생들에게 어떤 말을 준비해 들려줄까.

내가 강조할 가장 중요한 단어는 '개념'이다.

자유와 제한

자유는 누구나 가져야 할 기본권이다.

다만 다른 사람에게 피해가 되는 것은

막도록 제한을 둔다.

반대로 서로 피해를 주지 않는다면
세세한 규칙은 필요 없다는 말도 된다.

처음엔 쉬는 시간에 관한 어떠한 조건도 없었다.
하지만 하나둘씩 늦게 들어오는 친구가 생겼지.
그 이후에 수업 시작 5분 전,
10분 전과 같은 규칙이 생겼고.

우유를 통에 잘 안 넣으면
이름을 쓰는 유치한 일도 생길 수 있다.
핸드폰을 아무렇게나 쓴다면 걷어야 할 수도 있고
지키지 못한 자유는 제한이 되어 돌아올 것이다.

난 가능한 모든 것을 자유롭게 두고 싶다.
그것은 너희들이 기본을 지켜 줄 때 가능하다.
난 너희를 감시하는 경찰이 아닌
도와주는 교사이고 싶다.

편함과 만만함

난 친구 같은 선생님이고 싶다.
같이 놀아 주는 친구를 뜻하는 건 아니다.
내가 위에 있는 것이 아니기에
옆에서 말하는 존재라는 것이다.

난 모든 관계가 평등해야 한다고 믿는다.
그래야만 아이들이 나에게 편하게 말할 수 있다.
그러나 편하게 대하는 것과
나쁘게 대하는 것은 구분해야 한다.

너희들이 같은 나이인데도 평등하지 않을 수 있다.
누가 누군가를 함부로 한다면,
같은 나이여도 친구가 아니다.
편한 존재를 만만히 대하는 사람은
친구가 될 자격이 없다.

나도 너희들을 절대 함부로 대하지 않겠다.
너희도 서로를, 그리고 나를
지켜 주었으면 좋겠다.

난 너희의 선생님이지만
좋은 친구가 될 수 있을 것이다.

너와 나의 연결 거리

너희들은 모두 다르다.
좋아하는 것도 다르고, 잘하는 것도 다르다.
하지만 다르다는 것이 틀린 것은 아니다.

차이가 있음에 처방이 다를 순 있다.
그것이 차별은 아닐 것이다.
그건 너희들이 분별할 수 있으리라 믿는다.

능력엔 차이가 있다.
1등이 있으면 꼴찌가 생길 수밖에 없으니까.
그러나 인격엔 차이가 없다.

각자에겐 나름의 공간이 필요하다.
우리의 1년은 그 거리를 알아 가는 시간이다.
가깝지만 부담스럽지 않은 그런 온전한 관계로 말이다.

너희들의 자식 된 마음으로

시골 작은 학교는 혜택이 많다.

방과후, 우유, 현장체험 등 거의 모든 게 무료.

통학버스, 전면 등교로 학원 돌릴 필요 없는 시스템.

그래도 내 아이를 보내기엔 고민이 된다.

주어진 관계

작은 학교는 이름만큼 학생 수도 적다.

한 학년에 한 반, 적으면 두 학년을 묶은 복식도 있다.

전학을 가거나 오지 않는 한, 한 번 친구가 끝까지 간다.

그 안에 잘 맞는 친구가 있으면 다행이다.
6년간 반도 안 바뀌고 쭉 갈 수 있으니.
그러나 담임을 해 보면 아닌 경우도 많다.

확연한 성격 차로 반복되는 갈등에
양쪽 부모들까지 예민한 경우
한쪽이 일방적으로 맞추거나 끌려가는, 기울어진 경우
아예 어울리지 못하고 혼자 남는 경우들.

물론 큰 학교라고 이런 일이 없는 건 아니다.
학생 수가 많으니 사건 자체는 훨씬 많다.
그래도 매년 반이 바뀌고 다시 시작할 기회가 있다.
몇 년을 똑같은 사람과 있으면
관계가 정해지고 굳어 버린다.

굳어진 관계

저학년 때는 그래도 낫다.

아직 어리기에 선생님의 영향력이 크고,
이끄는 대로 잘 따라오기도 한다.
부모님들도 아직 초반이기에 싸워도 화해시키고,
개인적으로 친해지라고 집에 초대도 한다.

하나 아무리 노력해도 맞지 않는 걸
억지로 붙이긴 힘들다.
너무 심하게 부딪치는 경우는
학년이 올라가기 전에 한쪽이 떠난다.
고학년까지 양쪽 다 남아 있다면, 서로에 대한 미움이
어딘가 스며 살얼음판 같은 교실이 되곤 한다.

적대적 공존 상태, 또는 완전 전쟁 상태.
서로 마주치거나 말을 섞지도 않고
같은 모둠이 되면 활동 자체가 되지 않는.

물론 어떤 조직이든 모든 관계가 좋을 순 없다.
다만, 난 그런 관계도 보듬어 가야 하는
교사이기에 괴롭다.
특히, 몇 명 되지 않는 이 교실에 너희가 너무 크게 보여서.

지나갈 관계

어쩌면 지금의 모습이 너희의 최선일지도 모른다.
그동안의 노력은 상처로 끝났고,
서로의 차이만을 확인했으니.
달라도 너무나 다른 너희는, 각자에게 맞는
친구를 찾을 수 있었다면 이런 일도 없었을 것을.

아이는 부모를 선택할 수 없다.
태어나고 보니 부모의 외모, 경제력,
가정 분위기 등이 정해져 있었다.
부부 사이가 좋다면 아이도 따뜻한 사랑을 받을 텐데,
반대면 너무 위태롭다.

매일같이 싸우는, 불안한 부모 밑에 있는
학생을 만나면 이렇게 얘기해 준다.
"이 시간을 견뎌야 해.
네가 어른이 되어 스스로 선택할 수 있을 때까지.
부모님이 싸우는 건 네 잘못이 아니야.
단지 서로 다른 점이 많을 뿐이야.
부디 너의 상처로 받아들이지 않았으면 좋겠어."

교실도 마찬가지란 생각이 든다.

어쩌다 같은 학교 같은 반에 모인 우리들.

서로에게 너무 상처가 되지 않게,

무사히 지나갈 수 있기를.

관계를 지나

사람이 온다는 건 실은 어마어마한 일이다

그는 그의 과거와 현재와 그리고 그의 미래와 함께

오기 때문이다

한 사람의 일생이 오기 때문이다

부서지기 쉬운 그래서 부서지기도 했을

마음이 오는 것이다

-'한 사람이 온다는 건' 정현종

어떤 아이는 밝고 어떤 아이는 조용하다.

어떤 아이는 밝음 뒤에 어두운 상처를 숨겨 놓기도 한다.

지금 이 아이의 모습과 태도가 왜 이렇게 됐는지,

난 100% 알 수는 없다.

친구 관계의 모양도 그렇다.
어떤 이유로 갈라졌는지, 이야기는 들을 수 있어도
그 내면은 모른다.
부서지기 쉬운 그래서 부서지기도 했을,
그리하여 이미 부서져 있는 관계를 받았다.

예전의 나는 내가 부모인 줄 알았다.
내 아이들의 관계를 파악하고 상담하여 해결하려 했다.
들어 줄 마음도 있었고, 공정하게 해결할 자신도 있었다.

이제는 내가 우리 반 아이들의 자식 됨을 안다.
너희들의 관계는 나보다 더 오래되었고,
난 그 사이에 들어왔다.
내가 위에서 너희를 움직일 게 아니라,
너희를 보고 내 움직임을 정해야 할 것 같다.
나에게 와 준 너희의 과거와 현재, 미래…
그중에 미래는 부서지지 않게, 온전히 보내 줄 수 있도록.

우리 다음 생에 만나면

"너도 너 같은 딸 낳아서 키워 봐라.
다음 생엔 내가 네 아들로 태어나마!"
주어진 관계가 너무 억울할 땐 이런 말도 나온다.
교사도 그런 말을 하고 싶을 때가 있다.

악연

"아우, 이거 왜 해야 돼?! 너네는 이게 재밌냐?"
뒤에서 궁시렁거린다.

차라리 나한테 말을 하던가.

혼잣말인 척 다 들리게 해 놓고선.

건의는 예의를 갖춰 말하면 들어준다고도 했는데.

차라리 별로라고 대놓고 말하는

무개념은 악의라도 없다.

차라리 대판 싸우고 풀 수 있는 남자애들이면 모르겠다.

반감을 드러낸 눈빛으로 지켜보는 널 어떻게 해야 할까.

처음부터 네가 예민하다는 건 알고 있었어.

어쩌면 내 방식이나 말이

너한테 싫을 수도 있겠지.

언제 어디서부터 시작되었는지 모르지만,

우린 이미 나빠져 버렸어.

학연

어떤 날은 네가 늦게 왔어.

또 어떤 날은 안내문을 며칠 내지 않았지.

다른 날은 숙제를 안 하기도, 엎드려 자기도 했어.

나도 널 그대로 이해해 주고도 싶단다.
늦은 이유도, 안내문을, 숙제를 못 낸 이유도 있겠지.
하지만 반복되는 문제에
나도 교사로서 가만있을 순 없었단다.

그래,
그게 가장 큰 문제인 것 같아.
네가 잠을 자도 친구들은 상관 안 해.
나만 너의 문제에 개입하는 '선생'이란 인간이니까.
내가 널 가르칠 필요가 없었다면
이렇게 싸울 필요도 없었는데.
하지만 내가 널 가르치지 않았다면
만남의 이유도 없었을 것을.
내가 너와 다른 상황에서,
다른 관계로 만날 수 있었다면 하는
아쉬움이 남는, 그런 마음이 있어.

인연

언젠가 멀리 현장체험을 간 날이었지.

난 조금 멀리서 너를 지켜볼 수 있었어.
넌 친구들과 즐겁게 웃고 떠들었지.

그곳에서 넌 아주 밝게 빛나 보였어.
교실을 벗어나서, 내 수업을 벗어나서,
나를 벗어나서.
살아 있는 네가 그리 예뻐 보일 수가 없었지.

그래,
이번 생엔 그저 너를 보내 줘야 하는
역할인지도 모르겠다.
하필 이 시기에, 너의 담임선생님으로 만나서.
서로 더 상처만 남길 바에야.

너를 가르치겠다는 욕심은 버릴게.
그저 무사히 너의 1년이, 우리의 1년이 지나가길.
너의 삶에 또 다른 좋은 인연들이 많이 나타날 거야.
그리고 나중엔, 먼 미래엔,
다음 생에는 나도 웃으며 함께하길.

학교 바로보기

TMI in the school

"내가 왕년엔 말이야!~~"
누구나 빛났던 시절의 기억 하나쯤 갖고 있을 것이다.
그러나 과거에 너무 집착하는 모습은
그리 좋아 보이지 않는다.

설명

간혹 자신의 업적을 내세우는 선배들이 있다.
"내가 ICT 쪽에선 선구자였지!

내가 애들 키워 가지고 우승한 대회만 해도~"

물론 대화 주제에 따라 자연스럽게 나올 수도 있다.
좋았던 기억을 떠올리는 게 잘못도 아니다.
하지만 자신의 잘남을
계속 설명하기 시작하면 들어 주기 괴롭다.

자기 입으로 내가 잘났다 하면 너무 없어 보인다.
더욱 안타까운 건 실제로도 없다는 사실이다.
과거의 영광일 뿐, 현재로 이어지지 않는다.

했었던 사람은 설명해야 한다.
당신의 과거를 우리는 모르기 때문이다.
그러나 하고 있는 사람은 그 자체로 증명이 된다.

증명

책을 좋아하는 사람은 읽는다.
운동을 좋아하는 사람은 땀 흘린다.
입으로 잘나지 않고, 몸으로 잘 살고 있다.

그렇다고 평생 열정을 지속하라는 압박은 아니다.
삶의 증명이 '성공'의 담론으로 가진 않았으면 좋겠다.
잘난 척하지 말라는 말이,
'그럼 진짜 잘나 봐라'가 되면 곤란하다.

증명의 의미가 책을 몇 권 냈거나,
우승을 몇 번 한 것을 말하진 않는다.
당신의 잘난 결과는 부러움이나 질투만 갖게 한다.
당신이 잘나게 된 과정이 내게 동기를 부여할 것이다.

나이가 있어도 뛰는 당신이 멋져 보였다.
책 읽는 당신이 즐거워 보여 나도 책을 들었다.
내 운명과도 같은 무언가를
당신을 통해 찾을 수 있었다.

운명

난 교장이란 직급이나 월급이 부러울지언정,
그 삶이 부럽지는 않았다.
하지만 정말 리더다운 교장을 만났을 땐 나도 달라졌다.

저런 삶이라면, 나도 그렇게
학교를 운영해 보면 좋겠다는 생각도 들었다.

내가 마늘을 먹게 된 이유도 그렇다.
친했던 형이 마늘을 고기에다 맛있게 싸 먹었다.
마늘이 몸에 좋은지 설명하지 않았다.
그냥 나도 따라 먹고 싶어졌다.

잘난 사람은 세상에 많다.
장사로, 사업으로 돈을 왕창 번 사람.
책도 내고 이리저리 강의도 다니는 유명인.

그러나 그 삶은 내 삶이 아니다.
난 사업을 할 만한 배짱이나 모험심은 없다.
인기와 함께 바쁘고 피곤한 것도 받으라면 싫다.

어떤 사람은 열정적으로 도전하는 모습을
동경할지 모른다.
또 다른 사람은 조용히 만족할 줄 아는 삶을
좋아할지도 모른다.
중요한 건 각자가 추구하는 것은 달라도

그의 삶에서 나의 길을 발견하는 것.

'나도 저렇게 살고 싶다.'
그와 같이 하면 더 나아질 수 있을 것 같은.
설명하지 않아도, 증명되지 않아도,
행복한 당신은 누군가의 운명이 될 수 있으니.

대화를 쪼개 주세요

우린 일상 속에서 많은 대화를 한다.

때론 행복해야 할 그 시간이 갑갑할 때가 있다.

왜 그런 일이 생기는지 생각해 보는 것도 좋겠다.

개수

둘이 만나는 경우에는 대화가 한 개다.

한 명이 말하면 다른 한 명은 들어야 한다.

대화가 이어지기 위해서는 듣는 것도 중요하다.

하지만 열 명이 있는데도 대화가 한 개인 경우가 있다.
한 명이 말하면 나머지 아홉 명은 들어야 한다.
듣는 것의 비중이 너무 커진다.

물론 회의에서는 이런 방식이 필요하다.
초반의 어색한 분위기에선 이런 상황이 생기기도 한다.
그러나 의도적으로
이런 대화를 이끌어 가는 사람도 있다.

주변 사람을 청중으로 생각하여 듣기를 바라는 사람
사람에게 말을 거는 것이 아니라,
전체에게 '발언'하려는 사람
친구라면 끊을 수라도 있지만,
이런 사람이 위에 있으면 제지하기도 어렵다.

주도할 수 있는 위치에 있는 사람의 역할은 정말 중요하다.
열 명이 공기놀이를 하는데, 한 세트만 주어서 되겠는가.
한 명은 달리고 아홉 명이 기다리는 수업은 지루하다.

"부장님, 대화를 쥐고 계시지 마세요.
모두에게 잘라서 나누어 주세요.

그러면 곳곳에서 즐거운 이야기들이 피어날 겁니다."

시간

가끔은 공기를 너무 잘하는 사람도 문제가 된다.
한 번 시작하면 끝나지를 않는다.
게임에 너무 집중해, 기다리고 있는 사람의 표정도 모른다.

역사에 관해 열변을 토하시던 선생님도 있었다.
역사가 중요하지 않아서 지루했던 게 아니다.
자신의 스토리를 꺼내면 '네버엔딩 스토리'가 된다.

군대 얘기가 재미없는 건 상대방이 관심 없기 때문이다.
그런데 관심도 없는 얘기를 길게도 한다.
축구를 했느니, 삽질을 했느니.

대화는 오고 가야 한다.
아무리 웃긴 얘기도 길어지면 위험하다.
전하고 싶은 말이 많으면 그건 대화가 아니라 강의다.

"정말 재밌는 얘기일 수도 있습니다.
정말 의미 있고, 필요한 내용일 수도 있겠지요.
그러나 혼자만 너무 오래 말하고 있진 않은지
한번 돌아봐 주세요."

질문

한 회사의 독특한 면접이 생각난다.
면접관이 질문하고 답하는 형식이 아니었다.
지원자들끼리 주제에 관해 자유롭게 토론하도록 했다.

사람들은 면접관의 눈에 띄려고 자기주장을 펴기 바빴다.
그 와중에 순서를 조정하고,
시간을 분배하는 사람이 보였다.
면접관은 말 잘하는 사람이 아닌,
진행을 한 사람을 뽑았다고 한다.

내가 존경하는 교장 선생님은
회의 시간에 일부러 젊은 교사들의 의견을 물었다.
대부분 듣는 입장에만 있어야 하는

신규에게 기회를 주려 하셨다.
경력 있다고, 안다고
자기주장만 펴려는 모습과는 달랐다.

유재석이 유명한 MC가 된 건
말을 잘해서만은 아닐 것이다.
자신의 이야기를 하는 것보다
타인의 이야기를 꺼내 주는 사람.
말을 잘한다는 건 많이 해서가 아니라,
말을 하고 싶게 만드는 그 무엇이 아닐까.

"승진이고, 교육 방식이고 중요한 걸
알려 주시려는 마음을 알아요.
하지만 저에게 있어 무엇이 중요한지
한번쯤 물어봐 주시면 좋겠어요.
내 입을 열게 하는 건 당신의 결론이 아닌,
나에 대한 관심 어린 호기심입니다."

당연하다 말하지 말아요

당연한 건 가치가 없다.
우리가 숨 쉬는 공기도 그렇고,
미세먼지가 난리 치고 그래야 소중한 줄 알지.

행정실

예전 4~6학년, 경주로 테마학습여행을 갔다.
테마학습은 수학여행의 최근 용어다.
아무튼 그걸 가려면 사전 답사를 다녀와야 한다.

사전 답사를 가면 숙박비, 식비, 교통비는 준다.

맛집은 못 가도, 한 끼 7천 원,

하루 2만 원까지는 말이다.

실제 쓰는 돈보다 출장비는 적지만,

그래도 그 정도 주는 게 어딘가.

그런데 하필 답사 가는 주말에 경주 축제가 많더라.

원래 관광지로 유명한 데다,

요즘은 또 얼마나 그런 쪽으로 발전시키나.

그냥 잠을 자려고 해도 학생들 숙박하는

호텔은 자리가 없고, 펜션은 20만 원이다.

교사는 하루 숙박에 최대 5만 원까지 지원을 해 준다.

그 돈으론 모텔 가기도 어렵지만…

우리 행정실에선 30%를 더 줬다.

사유가 있는 경우,

30%까지 더 지원이 가능하단다.

지금 제도 안에선 최대로 준 거였고,

난 최고의 주무관님을 만난 거다.

행정사

강원도엔 교무행정사가 있다.
예전엔 전산, 과학실 실무 보조였지만
지금은 교무실에 상주하며 교육 활동을 지원한다.

하지만… 100년이 넘은 공교육 시스템도 문제가 많은데.
최근에 만들어 정착되어 가는 교무행정사는 오죽하겠나.
아래는 검색창에 교무행정사 치면 나오는 카페의 글이다.

교무행정사는 교무 행정이나 교사들의 교육 활동 지원 업무를 맡는다. 그런데 주 업무 외에 전화 받기부터 차 심부름이나, 찻잔 설거지, 과일 떡 심부름, 수업 자료 복사, 청소까지 허드렛일을 한다.

이 아래에 댓글도 많다.
"전화 응대, 가정통신문 복사는 공식 업무다."
반대로 과도한 업무다,
또는 다른 불공정함과 불만, 그리고 조언들.

물론 누구의 입장에서 말하느냐에 따라 다를 것이다.

교사도 학생을 가르치는 것이
주 업무지만 허드렛일은 생긴다.
다만, 그 일들을 어떤 자세로 하느냐에
차이가 있을 뿐.

나 또한

교장이 하는 말 중에 제일 짜증 나는 것이 있다.
"교사라면 말이야! 당연히 해야 하는 거 아냐?"
나를 아주 부하 직원처럼 막 대하는 태도.

공부하려는데 엄마가 시키면 짜증이 나듯.
나한테 누가 명령하면 내가 좋아하던 것도 싫다.
내 행동은 누군가의 지시가 아닌
아이들을 위한 내 능동이어야 한다.

하지만 반대로도 생각해 본다.
내가 교사라고 행정실과 행정사에겐 그러지 않았나.
가르치는 교사인 내가 학교의 메인 업무고,
당신들은 내 보조를 한다고.

나를 당연히 여기는 미운 교장처럼,
혹시 나는 당신을 당연히 여기진 않았는가.

내 짧은 삶 동안 난 행정실, 행정사님과 잘 지내 왔다.
못을 하나 박아 줘도 고마웠고,
공문 하나 보내 주면 감사했다.
내가 다른 사람을 뭐라 하며 고쳐 주고,
더 나아지게 만들 자신은 없다.
그래도 난 당신들이 있어 고맙기에
그들도 조금은 날 더 도와주려 하더라.

당연한 건 가치가 없다.
아니, 가치를 못 느낀다.
당연하지 않은 당신이 감사하다.

교사로 남아 주세요

'나이 들면 승진 아니면 퇴직'
교사로 정년을 채우는 경우는 많지 않다.
교사로 있는 게 부끄러운 일이라면 너무 안타깝다.

교사밖에

물론 자신의 의지로 떠나는 건 어쩔 수 없다.
본인의 꿈을 찾아 교직을 떠나는 건 축복할 일이다.
아무리 좋은 선생님도

체력적으로 힘들다는 말씀을 한다.

그러나 떠나게 만드는 분위기는 옳지 않다.
"아직도 평교사야?
후배들도 교감 들어가는 마당에!"

교사를 승진에 실패한 낙오자로 보는 시선
교육기관의 말단 공무원으로 보는 시선
'교사밖에 되지 않냐'는 그런 시선.

이제 조금씩 늘었으면 좋겠다.
승진 점수가 찼어도 교사로 남으려는 사람
다른 어떤 것보다 가르치는 일에 보람을 느끼는 사람
교사로 살아가는 게 정말 행복해 보여서,
나도 평생 교사로 살고 싶게 만드는 그런 사람.

교사 밖에

'교사 때는 안 그랬는데 교장 되니까 달라졌다.'
이런 식의 이야기를 듣는다.

그도 얼마 전까지는 교사였던 사람인데 말이다.

'서 있는 곳이 다르면 풍경도 달라진다.'
웹툰 〈송곳〉에선 처한 상황의 차이를 이렇게 표현했다.
확실히 장학사든, 교감이든
교사와는 다른 입장에 설 수밖에 없다.

교사 밖으로 떠난 사람은 더 이상 교사가 아니다.
퇴직한 교사는 공감은 해 줄 수 있을지언정
실제 해 줄 수 있는 건 없다.
승진한 교사는 공감은 해 줄 수 있을지언정
실제 해야 할 일이 있다.

1학년엔 '큰언니'라 부르는 나이 많은 여선생님이 있다.
그 선생님은 교감보다 때론 교장보다도 나이가 많다.
교장과 대등하게 붙을 수 있는 소중한 존재다.

관리자가 관리자로서 이야기하는 건 어쩔 수 없다.
그러나 같은 편을 잃어 가는 건 정말 슬픈 일이다.
다들 위로 올라가려 할수록 아래는 힘이 빠진다.

다시 교사밖에

'꼬우면 네가 교장 해서 바꿔!'
이런 말들도 심심치 않게 듣는다.
하지만 난 위에 있어야
바꿀 수 있는 세상을 옳다 여기지 않는다.

권력을 가져야 말할 수 있다는 건
그 사회가 민주적이지 않다는 말이다.
의견을 내려면 시장이 되어야 하고,
대통령이 되어야 한다면 그건 민주주의가 아니다.
민주주의는 시민이 시민으로서
목소리를 낼 때 가치가 있는 것이다.

교직 사회 또한 마찬가지다.
교사가 교사의 자리에서 말해야만 의미가 있다.
교장이 되어 민주적인 학교를 만든다는 건 모순이다.

물론 승진하려는 사람을 비난하거나,
리더의 중요성을 부정하는 것은 아니다.
초빙 교장제 같은 승진제도를 바꾸기 위한

논의도 중요할지 모른다.
그러나 승진이 별 의미 없는
그런 세상이 더 낫다고 여긴다.

'국민이 왕인 나라에선 왕을 꿈꾸지 않는다.'
꼭 교사여야 하는, 교사밖에 할 수 없는 일이 있다.
그건 교사 그 자체로 존재하는 것이다.

너무 애써 올라가지 마

오르지 못할 나무는 쳐다보지도 말라고.
왜 꼭 올라가는 걸 전제로 말하는 걸까.
아래에서 행복을 찾을 수는 없을까.

제도

교원 승진제도의 변화에 대한 목소리는 계속 있었다.
능력 없이 인맥, 라인을 타서 간다는 비판
점수만 채웠지, 일은 모른다는 비판.

제도는 계속 변하고 있고, 일부 반영도 된다.
과도한, 편중된 점수가 조정되거나 사라지는 등.
교장 공모제처럼
인정받는 교사가 교장으로 바로 가는 등.

정말 잘할 수 있는 사람이 교장이 되는 데엔 동의한다.
리더다운 리더를 보는 게 그만큼 어렵기 때문이다.
하지만 '승진제도'의 일부가 바뀐다고 달라질 수 있을까.

제도를 바꾸자는 말엔
왜 '나도 올라가고 싶다'라는 마음이 비쳐 보일까.
교장이란 자리는 여전히 권력을 가진,
탐내야 하는 것인가.
그렇다면 우리의 '승진 문화'는 아직 멀지 않았나.

능력

난 교장의 능력을 교사의 능력과 다르게 본다.
교사는 혼자 어떤 분야든 전문가가 되고 성공할 수 있다.
하지만 교장이 한 분야에만 몰두해 버리면

균형을 깨뜨리기 쉽다.

사업 예산을 왕창 따 와 학교를 공사판으로 만드는 경우
음악이든 체육이든 그쪽으로
모든 교육과정이 치우치는 경우
너무 자기 주관만으로 학교를 운영하면
내부의 목소리를 듣지 못한다.

반대로 너무 생각 없는 리더도 좋지 않다.
여기저기 분쟁이 생겨도
이렇다 할 답을 제시하지 못한다.
차라리 평교사일 땐, 말을 줄이고 듣는 게
'착한 교사'일진 몰라도 말이다.

위로 간다는 건 제도가 허용해 주는 것으론 부족하다.
승진 조건을 갖추는 게 아니라,
능력을 갖춘 사람이어야 한다.
그러나 그 무엇보다
그 자리를 행복하게 만들 사람이 가야 한다.

너의 자리

승진 점수가 없는 큰 학교엔 자리가 많이 빈다.
신규, 젊은 교사가 몰리고 어디는 30대 초반이
교무를 한단다.
어떤 인센티브 없이 그 많은 수고를 겪는 건
누구도 원치 않을 것이다.

반면, 난 오히려 내가 그 자리에 있다면 하고 상상해 봤다.
젊은 사람들과 의견을 모으고,
좀 더 우리의 의견을 반영한 학사 운영.
물론 현실은 상상의 반도 채 이루기 힘들다.

그래도 교무 다음이라는 연구는 4년 동안 했다.
일방적인 연수, 지시보단 함께 의논하고 결정했다.
이건 작은 학교에, 내가 막내이기 때문이기도 했다.

하지만 난 그 자리가 너무 좋았다.
더 많은 권력도, 더 편한 업무도 필요 없었다.
내 의견이 무시당하지 않았고, 내가 즐거워 움직였다.

이런 상상도 해 본다.
그냥 모두가 교사라는 자리가 너무 행복해서
마치 친화회장을 뽑듯이,
교장은 누구나 꺼려 하고 어려워서
"제발 교장 좀 해 주세요" 하고 부탁해야 하는 미래는…
단지 나만의 망상일까.

"내 딸아,
너는 너의 능력만큼만 올라가렴.
최선을 다하는 태도는 좋은 거고,
때론 필사적으로 매달릴 일도 있겠지만.
네가 애써 올라간 그 자리가 괴롭다면
넌 너와 그 아래에 있는 모두를 힘들게 할 테니.

중요한 것은 네가 행복할 수 있는 자리를 찾는 것.
그곳이 너의 자리일 테니.
꼭 위가 아니어도, 어떤 자리여도
행복한 그런 세상이 되도록.
아빠도 조금은 힘을 보태어 볼게."

난 이려도 선생님입니다

난 반말을 예찬한다.

형식적인 존칭보다 낫다고 생각한다.

그러나 아무리 친해도 지켜 줘야 할 때가 있다.

친근함

요즘은 일반 회사도 '대리님, ○○ 씨'로 부르라고 한다.

교사도 밖에서는 친구라도,

학교에선 '선생님' 호칭을 쓰라고 배운다.

위계의 문제든, 사적인 문제든,
공적인 상황에선 주의하라는 의미일 것이다.

예전보다는 확실히 나아진 것 같다.
인권, 평등과 같은 이슈가 강조되고 있으니.
그러나 간혹 별 의식하지 않고 말하는 사람이 있다.

정말 나쁘게 함부로 말하는 거라면 단호히 거부할 텐데
평상시의 관계도 있어 갑자기 정색하고 말하긴
어려운 상황.
이 글을 빌려 그런 분들께 한마디 던지고 싶다.

"밖에서 편하게 부르는 건 저도 좋습니다.
적어도 학생들 앞에서는 꼭 '선생님'을 붙여 주세요.
아이들 앞에서는
전 아랫사람이 아닌 선생님이고 싶습니다."

뉘앙스

존댓말만 쓴다고 끝이 아니다.

"○○ 선생님! 일로 좀 와 봐요!"
형식은 존대인데, 느낌은 하대인 경우도 많다.

우리나라는 어린이집만 가도 위아래를 따진다.
"쌤이랑 옆 반 쌤이랑 누가 더 나이가 많아요?"
학생들도 교사의 상하 관계에 관심이 많다.

단순히 나이의 적고 많음을 판단하는 거면 다행일 텐데
반말, 말하는 태도에서 위아래가 보인다면 곤란하다.
무시당하는 감정을 나만이 아닌, 학생도 느끼기 때문이다.

"아무리 잘 모르고, 잘못을 했어도
아이들 앞에선 함부로 하지 말아 주세요.
혼나는 담임을 가진 아이들이 되게 하고 싶진 않습니다.
절 '어린' 교사가 아닌,
어린 '교사'로 생각해 주셨으면 좋겠습니다."

나에게

이등병 때 당한 걸 병장이 되어 하면 세상은 안 바뀐다.

103

'내가 기분 나빴으니까, 난 저러지 말아야지.'
타산지석으로 삼는 생각이 필요하다.

미래의 나에게 당부한다.
이 생각을 끝까지 실천하고 있기를.
아무리 어린 후배라도, 교사로서 존중하도록.

현재의 나에게 당부한다.
내가 어리기 때문에 겪는 건 내 몫이다.
하나, 그 불편함이 아이들의 몫이 되지 않도록
경계해야 한다.

나는 무시당해도 참을 수 있지만,
내 아이들이 무시당할 땐 참아선 안 된다.
내가 어리다고 우리 반 아이들이
낮은 취급받아선 곤란하다.
학교에서 내 반 아이들의 보호자는 나뿐이다.

평등한 관계의 칭찬

책 《미움받을 용기》에서는 칭찬과 평가를 좋지 않게 본다.
수직 관계에서 비롯된 것이라고 말이다.
그러나 난 칭찬이 평등한 관계에서
이루어질 수 있다고 믿는다.

평가의 눈

누구나 보는 눈은 있다.
객관적이고 옳은 평가를 말하는 게 아니다.

각자의 시각으로 세상을 판단하는 건 당연하다는 뜻이다.

부모도 아이 성향을 파악하지만,
아이도 엄마는 어떻고 아빠는 어떻고 말한다.
교사가 학생을 평가하지만,
학생들도 우리 담임이 어떻다느니 한다.
평가의 말을 전할 수 없다고 해서
평가하지 않는 건 아니다.

문제는 그 평가가 아래로 향한다는 점이다.
교사가 학생에게 이건 잘했고,
이건 고쳐야 한다면 자연스럽다.
반대로 학생이 교사에게 이 수업은 좋았고,
이 부분은 안 좋았다고 말하면 상당히 어색하게 들린다.

물론 부정적인 평가를 전하는 건 조심해야 한다.
평가를 전한다는 게 평등하지 않은 경향이 있음도 안다.
그렇다고 긍정적인 평가마저 전할 수 없다면
너무 잔인하다.

칭찬의 입

책에서 평등한 관계에서는 칭찬이 아닌
다른 말이 나올 것이라 한다.
감사나 존경, 기쁨의 인사와 같은 더 순수한 말.
하지만 정말 칭찬이 어울리는 상황도 있다.

뭔가를 잘 해냈을 때, 좋은 결과가 있었을 때.
그 일이 단지 그 아이의 것이라서.
감사나 기쁨과는 먼 그냥 말 그대로의 칭찬.

"이야~ 우승했다고! 잘했네~~"
"오~ 쌤 잘하시는데요~~"
그냥 감탄처럼 튀어나오는 칭찬.

칭찬이 어떤 의도를 담지 않는다면
칭찬이 누군가가 가진 특권이 아니라면
우리 서로 칭찬을 불편함 없이 주고받을 수 있지 않을까.

수평 관계

"아빠~~ 잘했어!!"
이 말이 어찌 나쁜 말일 수 있겠는가.
물론 내 자식이니까, 어리니까 그런다 할지 모른다.
하나, 난 학생이 날 칭찬할 수 있고
나도 교장을 칭찬할 수 있다 믿는 사람이다.

'건방지게 선생님을 평가해?'
'어떻게 윗사람에게 평가의 말을 던져?'
위아래를 구분하는 마음으론
칭찬이 아닌 어떤 말도 불편하다.

가끔은 학생의 칭찬이 기분 나쁠 때가 있다.
나를 아래로 보거나, 조종하려는 느낌을 받을 때
칭찬이 원래 수직적이기 때문이 아니라,
그렇게 사용할 때 말이다.

불이 훌륭한 도구인 건 옳게 쓰기 때문이다.
칭찬도 배우고, 가르치고, 다듬어야 한다.
칭찬을 없애기보다 좋은 칭찬이 가득하도록.

내게 맞는 가르침

신규 교사, 저경력 교사.

이 단어의 어감이 좋지 않다.

가르쳐야 하는 '대상으로 보는' 시각 때문이다.

평가자

수업 컨설팅을 받는 선생님이 있었다.

본인이 원한 것이 아니었다.

저경력은 의무라고 했다.

수업지도안을 컨설턴트인 고참 선생님께 드렸다.

이런 부분은 다르게 고쳐 보란다.

그렇게 몇 번의 빠꾸를 당했다.

물론 잘못된 것을 아는 것도 큰 배움일 것이다.

또 스스로 답을 찾도록 하는 게 옳을 수 있다.

그러나 가르치는 사람이 평가자의 자세여선 안 된다.

아픈 건 나도 안다.

의사에게 바라는 건 어떻게 나을지다.

내 아픔을 함께 해결하려 하는 당신이길 바란다.

당신의 눈으로

공개수업 때의 기억이 떠오른다.

한 선생님은 내 수업에서

'손 머리'를 몇 번 했는지 세었다.

반복되는 행동을 지적하고 고치라고 했다.

물론 '손 머리'라는 방법이 결코 아름답지는 않다.

하지만 당시에 내가 아는 한
전체를 통제하는 가장 효율적인 방법이었다.
만약 그때 '손 머리'마저 없었다면,
그 힘든 아이들을 어떻게 멈추었을지 모르겠다.

다행히 다른 선생님은
산만했던 아이들이 많이 차분해졌다고 했다.
세련되지 못한 방법이지만,
이를 통해 이루려던 내 방향을 알아주었다.
한 선생님은 내 '행동'을 봤지만,
다른 선생님은 내 행동의 '이유'를 봤다.

부족한 지금의 모습을 탓한다면 할 말이 없다.
그러나 난 그 부족함으로 오늘도 살아가야 한다.
부디 당신의 눈에 보이는 현재가 아닌,
나의 눈으로 볼 미래를 제시해 줄 수 있기를.

'나'의 눈으로

예전 내 옆 반으로 신규 선생님이 왔다.

아이들은 잘 잡히지 않았고 많이 힘들어했다.
나는 단호할 때는 좀 더 강하게 해야 한다고 말했다.

그 선생님은 이렇게 답했다.
"저도 알고는 있지만 선생님의 방법이 전 되지 않아요.
아이들을 잡을 만큼 강하지도 않고
나를 그리 무서워하지도 않아요."

더 이상 말할 수 없었다.
나도 내가 본 내 방식의 답만 주었다.
나는 여린 여선생님이 성장할 수 있는 길은 알지 못했다.

사실 이 글이 신규 선생님에게 도움이 될 내용은 아니다.
신규 선생님을 대하는 다른 선생님들이
읽어 주었으면 하는 글이다.
안 그래도 힘든 상황에
더 괴로운 잔소리를 듣게 하는 일은 없기를.
'이런 수업을 하라!'고 하기 전에
'어떤 수업을 하고 싶어요?'라고 물을 수 있기를.

위계가 싫어 좋아졌다

스승으로부터 스승의 날이라고 꽃을 받았다. 오후엔 책도 받았
다. 열심히 공부해서 지혜로운 스승의 스승이 되어 봐야겠다.
나보다 나이 어린 스승을 만난 행운을 기뻐하며.

-《책은 도끼다》에서

그래. 꼭 스승이 위로만 있는가.
초등학교 교사인 나는 특히 그렇다.
나보다 어린 스승을 매일 만나며
얼마나 많은 배움을 얻는데.

아래에선

난 권위적인 게 싫었다.
군인 집안에서 자라, 편치 못했다.
사회에 나와서도 강압적인 위계에 저항했다.

교사가 되고도 가끔은 싸워야 했다.
나이 많은 선배고 교장, 교감이고
권위로 누르려 할 때면.
말도 안 되는 걸 위에 있다고 억지로 시킬 땐
속에서 올라오는 분노를 참지 못했다.

젊을 땐 다른 교사들이 나보다 위에 있었다.
신규라고, 어리다고 살짝 무시하는 태도도 감내해야 했다.
뭔가 말하려 하면 대드는 게 됐고,
발언할 기회는 쉽게 주어지지 않았다.

물론 지금의 내가 나를 돌이켜 보면
부족함이 있었음을 느낀다.
하지만 이젠 좀 알았다고 젊은 교사를 무시하진 않는다.
내가 위로 거부했던 태도를 아래로 하진 않겠다.

위에선

얼마 전 책 모임이 있었다.
구성은 20대부터 40대까지 다양하다.
책에 대한 열정을 갖고 스스로 모인 사람들이다.

그러나 그곳에도 말을 쥐는 사람이 생긴다.
대화를 혼자 갖지 말고 쪼개 달라고,
그리 외치고 있건만.
일을 떠나 평등한 관계로 모였다고 생각하는 건
내 헛된 기대일까.

심지어 말에서 가르치려는 뉘앙스를 풍길 때면
자리를 뜨고 싶어진다.
아이가 물어볼 때 대답해 주면 도움이다.
하나, 묻지도 않는데 말하고 있으면 꼰대가 된다.

그런 점에서 모든 교사는 이미 꼰대인지 모른다.
아이들은 듣기 싫어해도 수학이고 영어고
가르쳐야 하니까.
그러니까 더더욱, 직업적 필요성에 의한 것인지

내 태도인지 경계해야 한다.

아래로

모임에는 신규 교사도 있다.
교사의 기준으론 갓난쟁이나 다름없다.
하지만 임용을 보는 학생 입장에서는 성공한 선배님이다.

그를 위에서 볼 땐 아래로 보인다.
내가 위에 있다고 생각하니까 아래로 본다.
배움을 위로만 두는 사람은
나이가 들수록 스승을 잃어 간다.

아이를 키워 보면 옆집 초등학생 엄마가 대단해 보인다.
중고등학교 공부를 시켜 보면
대학 잘 보낸 부모가 부럽다.
갓난아이를 키우면서
중학교, 대학교까지 눈에 들어오지는 않는다.

육아를 할 땐 어린이집 어디가 좋은지 묻고,

학생을 키울 땐 어느 학원이 좋은지 묻는다.
다들 자신의 삶에서 다음 단계를 아는 사람을 찾는다.
스승은 현재의 한 걸음 앞에 있다.

하지만 또 그 걸음을 가다 보면 다시 순환한다.
내 뒤에 있는 후배는 삶을 돌아 다시 나의 선배가 된다.
내가 그를 스승으로 생각하는 건
그의 한 걸음 뒤에 서려는 태도이다.

요즘 아이들은 유튜브 세대라고
동영상을 만들고 올리며 논다.
난 대단하고 멋져 보여, 나도 가르쳐 달라 했다.
내가 나이가 들고 위에 있다 해도
난 여전히 스승을 얻을 수 있겠다.
다시 아래가 되는 자세를 잊지 않는 한.

관계와 업무, 이정표

초행길엔 앞에 차를 하나 두고 간다.
그 차를 통해 과속 카메라, 위험 지형 들을 알 수 있다.
삶도 그렇지 않은가 생각한다.
나의 이정표가 될 누군가가 앞에 있는지.

업무

앞 차를 고를 때, 가장 중요한 것은 방향이다.
목적지가 같다면 끝까지 함께 갈 것이다.

하지만 방향이 다르면 얼마 동안 갈지 모른다.
앞의 차가 빠지면 또다시 다른 차를 찾아야 한다.

남자는 체육이라고, 억지로 체육 업무를 맡기도 한다.
또는 과학, 정보가 좋다고 추천해 주기도 한다.
승진을 위해 연구대회나 출품을 권하기도 한다.
하지만 내가 원하는 방향은 아닌 것 같다.

앞의 차만 보고 억지로 따라갈 수는 없다.
당신은 당신의 방향을 찾아야 한다.
힘든 일이라도 나에게 맞는,
의미가 되는 그런 일이 있을 것이다.

난 연구 업무가 좋다.
수업을 함께 고민하고 나누고 싶다.
책을 미워했던 내가 글을 쓰고 책을 찾아 읽는다.
나조차 몰랐던 내 방향을 찾은 것 같다.

요즘은 글과 독서로 사람을 만난다.
이젠 앞의 차가 옆으로 간다고 헷갈리지 않는다.
나의 방향은 확실하다.

이젠 함께 갈 사람만 남았다.

관계

앞차는 나에게 고마운 존재다.
하지만 가끔은 힘들게 한다.
흙먼지나 눈, 비를 뒤로 날리기도 한다.
또, '이상한 차'의 돌발 행동은 불안감을 준다.
반대로 내가 위협이 될 수도 있다.
너무 가까이 붙으면 비키라는 압력으로 보인다.
낯선 사람이 계속 따라오는 것만으로,
영화의 한 장면을 떠올리게 할 수 있다.
안전거리는 항상 중요한 것이다.

방향 다음은 속력이다.
너무 빠르면 쫓아가기 힘들다.
위험한 추월까지 하며 따라가고 싶진 않다.
반대로 너무 느리면 답답하다.
내가 가려는 속도와 비슷한 그런 차가 필요하다.

내가 빠르다고 상대를 닦달하면 관계를 깨뜨린다.
내가 느리다고 상대를 기다리게 하면 일을 망친다.
우리는 상대와의 속도를 맞추면서
안전한 관계를 유지하는 것이다.

이정표

당신이 원하는 업무를 찾아야 한다.
그냥 쉽고 편한, 그런 일을 말하는 게 아니다.
기본적으로 해야 하는 걸 넘어, 날 움직이는 무언가.
내가 원한 길이 아니었다면, 도착하고도 헤매게 된다.

이정표는 어디에나 있다.
하지만 자신이 필요로 할 때만 눈에 들어온다.
당신의 눈에 들어오는 이정표가 있는가.
정말 따라가고 싶은, 함께 갈 수 있는 그 누군가.

업무는 내가 가고자 하는 방향이다.
그리고 그 업무의 속도를 맞춰 가는 것이 관계이다.

우리의 삶엔 각각의 목적지를 가진 다양한 차들이 있다.

다들 어디로 그리 급히 가는지는 모르겠다.

그래도 그 길에 방향과 속도가 맞는

누군가가 꼭 있기를 진심으로 기도한다.

업무 분장과 색깔

교사는 수업만 하지 않는다.

수업이 아닌 '업무'도 큰 비중을 차지한다.

전공을 보고 뽑는 회사가 아니기에 나누기 애매하다.

색깔

허○○ 선생님은 소위 '네임드 교사'다.

책도 쓰시고, 강의도 많이 다니신다.

1급 정교사 연수 때 누가 물었다.

"그 많은 수업 연구들을 어떻게 하실 수 있나요?"
선생님은 대답하셨다.
"전 6학년만 합니다."

아… 다들 뭔가 깨우침이 있었다.
사춘기 반항에 힘들다고 하는 6학년이다.
하지만 그 학년만 계속하면
교육과정도 머릿속에 있으리라.
중고등학교 선생님은 교과서도 없이
내용이 줄줄 나온다.

지역에도 대단한 선생님들이 많다.
독서 토론과 관련해 전국으로 연수를 다니고,
책도 여러 권 내셨다.
학교에선 도서관, 문집 같은 업무를 하신다.

꼭 유명한 교사만 그런 건 아니다.
음악, 체육, 정보 등 전문가의 경지에 오른 사람들.
자기만의 길을 걷고 있는 사람이
어찌 멋지지 않을 수 있겠는가.

고집

그러나 간혹 아름답지 않은 경우도 있다.
"난 꼭 몇 학년을 해야 한다. 난 이 업무를 받아야 한다."
자기가 원하는 것만 하려는 사람들.

뜻하는 바가 있다면 이해할 수 있다.
출산 같은 이유가 있다면 배려한다.
이미 공인된 교사라면 부탁하는 입장일 것이다.

하나, 자기가 편하려는 이기심은 답이 없다.
이유 같지 않은 이유, 온갖 이유를 들어서
자신의 의견을 내세운다.
이성적 옳고 그름이 아닌, 감정적 논쟁으로 간다.

자신을 생각하는 본능을 무조건 비판하려는 건 아니다.
아무리 한 분야의 전문가도 새로운 곳에 놓이면
어리숙한 이등병에 불과하다.
자기 몸을 갖고 있는 한,
완전한 이타적 인간은 불가능할 것이다.

누구나 좋아하는 음식이 있다.
같이 밥을 먹으려면 메뉴를 맞춰야 한다.
먹기 싫어하는 음식이 있는 사람은 그것만 빼 주면 된다.
난 이걸 꼭 먹어야 된다고 하는 사람과는
같이 밥 먹기가 어렵다.

조화

경력이 차오르면 두려워진다.
"이제 10년 이상의 선배 교사가 돼 가는데 이래도 되나."
"후배들에게 자신 있게 알려 주는
멋진 선배가 돼야 할 텐데."
흐르는 시간에 자신의 색깔을
아직도 찾지 못했다면 슬픈 일이다.

그렇다고 꼭 한 분야의 전문가가 될 필요는 없다.
"난 어떤 학년을 맡아도 해낼 자신이 있어."
"새로운 업무도 까짓것 해 보지 뭐."
얕고 넓은 지식, 지대넓얕의 완전판이
초등 교사 아니었던가.

강한 색만으로 그림을 그리면 주제가 드러나지 않는다.
파스텔, 색연필의 연한 색은 그 자체로 의미가 있다.
교직도 사람 사는 곳이라 잘난 사람도,
치사한 사람도 많다.
그래도 그 바탕을 채워 그림을 완성해 주는
보통의 좋은 사람들이 많지 않은가.

그림을 그리려면 물감 몇 개 정도는 있어야 한다.
하나의 색은 도저히 다른 조합을 만들 수 없다.
몇 개의 색만 있어도 섞으면 다른 색을 만들어 낼 수 있다.
자기의 색을 가지되,
다른 색과 어우러지는 멋진 그림을 그려 보자.

세상 바로보기

양치해서 미안해

코로나19로 우리 학교는 양치를 금지하고 있다.
정확히 말해 우리 학교 '학생'에게 금지이다.
나도 버티지 못하고 치사한 어른이 되었다.

원칙

방역 수칙 어디에도 양치하지 말란 얘기는 없다.
그러나 비말이 튀는 행위가 위험하다면 금지하는 게 맞다.
침이 묻을까 봐 정수기도 제한하는데,

침을 퉤 뱉는 건 위험하긴 하다.

작년엔 우리 반만 양치를 시켰다.
학급 인원이 여덟 명밖에 안 되니까.
다른 학년엔 원하는 학생이 별로 없다 했고.

하지만 이번엔 양치를 못 시켜 줬다.
복도 양쪽으로, 남녀 화장실로 나누어 관리하겠다 했지만
올해 처음으로 보건 선생님이 생겼고,
그분은 작년 코로나 확진자 발생으로 엄청 시달렸기에.

어떤 학부모님은 양치를 꼭 시켜 달라 할 수도 있다.
그러다 만에 하나 확진자가 나오면
양치를 왜 시켰나 하는 학부모들 단체 항의가 온다.
보건 당국에서 조사하러 오면, 학교에서
방역 수칙을 지켰는지, 학교 탓은 없는지 찾는다.

이런 상황엔 안 하는 게 낫다.
하고 욕먹느니 원칙을 지키는 거다.
그렇지만 여전히 마음은 불편하다.

현실

우리 학교는 수업동과 본관으로 건물이 나뉘어 있다.
교무실, 행정실을 가려면 본관으로 넘어가야 한다.
그리고 복도에서 양치하며 지나가는 모습을 봤다.

아, 양치를 금지하는 건 우리 건물뿐이구나.
양치를 하는 것에 양심 찔려 하는 건 나뿐이구나.
내가 양치를 시켜 달라 주장하는 건
그들과 관련이 없구나.

코로나로 제일 피해를 보는 건 아이들이라고
마스크를 쓰는 것도, 어떤 수칙도 가장 엄격히 지킨다고.
교직원들은 편하게 양치하고,
아이들만 억울하다 욕해도 할 말 없다.

하지만, 이것이 학교엔 나쁜 어른만 있어서 그런 것인가.
다른 직장들은, 어른들도 강제로 못 하게 막은 곳이 있나.
이렇게 미안해하며 양치해야 하는 직장이 또 있을까.

현실적 원칙

큰 학교는 현실적으로 불가능하다.
코로나가 없을 때도 화장실이 부족했다.
거리를 두고, 말 안 하도록 시키고, 말도 안 된다.

50명 미만의 작은 학교는 양치도 다 한다고 들었다.
인원의 밀집도에 따라 적용 가능한 현실이 있다.
유치원, 초등학생 내 두 딸도 양치를 못 한다.

우리 애들도 치과 치료가 늘었다.
신경 치료로 은니 크라운을 하나씩 했다.
부모로선 양치를 바라지만,
학교를 아니까 치과를 간다.

나도 금니가 8개다.
이도 원래 약한데 양치를 못 하니 뻐근히 아파 온다.
오후 수업을 하면 내 입 냄새가
마스크 안에 가득 찬 느낌이다.

반년 넘게 버티다가 최근 양치를 시작했다.

여전히 애들한테 걸릴까 주머니 깊숙이 넣는다.
전담시간, 방과 후 아이들의 눈을 피해
1층 화장실로 간다.

사실 이 글을 써야 하나 말아야 하나 고민이 많았다.
내 비밀을 드러내는 것 같기도,
내부 고발을 하는 것 같기도 했다.
이 글이 내 개인적인 양심 고백으로 끝나지 않고,
서로의 고통을 이해해 주는 쪽으로 가길 빈다.

방역도 지키고 경제도 살린다는 건 모순이다.
이건 마스크 쓰고 양치하라는 말처럼 들린다.
지금은 어떤 가치들이 양립하기 어려운 시기다.
학교 또한 다르지 않고, 여러 면에서 잘 버텨야 한다.
"얘들아~ 우선은 자기 물로 우물우물 꿀꺽하고
마이쮸든 껌이든 갖고 와서 씹어. 5교시까지도 봐줄게."
비겁하게 숨어 양치하는 선생님이 줄 수 있는 현실적 원칙.

거리두기와 홀로서기

코로나는 참 무서운 질병이다.
사람들은 거리를 두었고
난 홀로 서게 되었다.

사회적 거리두기

'5인 이상 집합 금지'
지금은 백신 접종자 포함, 인원이 많이 늘었지만
한동안은 모임을 가지려면

무조건 네 명까지로 잘라야 했다.

소수가 되니 대화가 고르고 원활한 점은 좋았다.
이쪽저쪽 나뉘어 먹으니 횟수가 늘기도 했다.
코로나 특수를 누린다고 말장난도 들었다.

그러나 네 명이라는 한계는 꽤 컸다.
술을 안 드시는 분이 끼면 어색해졌고.
나이, 맡은 업무의 차이도 더 크게 느껴졌다.

처음엔 전체 직원들과 어울리려 했던 사람들도
점점 패가 갈리기 시작했다.
남자 여자로, 젊고 나이 듦으로,
행정실 교무실로, 계약직 정규직으로.
네 명이라는 제한은 거리를 두게 했고,
관계도 조각이 난 것 같았다.

심리적 거리두기

처음엔 서운한 마음도 들었다.

저들은 왜 날 불러 주지 않을까.
내가 좀 더 잘했으면 나왔을까.

작년엔 자주 보고 친하다고 생각했는데
구성원이 바뀌니 연결 고리가 끊어졌다.
그저 저쪽 그룹과 이쪽 그룹으로 나뉘었음을
받아들일 수밖에.

스스럼없는 나의 순수함을 지키겠다 했지만
직급이나 다른 조건을 떠난 관계 맺음을 예찬했지만
사람 사이에서 마음 쓰고
상처받고 하는 것도 이젠 지쳐서.

연락이 오길 기다리는 마음을 버리기로 했다.
연락을 해야 하나 하는 압박을 느끼지 않기로 했다.
거리를 두어도, 나 혼자여도 편안해지기로 마음먹었다.

홀로서기

저들이 지나간다.

삼삼오오 산책이라도 하는 모양이다.
따스한 가을 햇살에 그 모습이 눈부셨다.

"오~~ 완전 오붓해 보이는데요? ㅎ"
정말 그렇게 말했다.
내 입이 그랬고, 내 마음이 그랬다.

저 사이에 끼려고 애쓰지 않고
날 끼워 주지 않는다 미워하지 않고
지나가는 그들에게 웃으며 인사 건넬 수 있는.

세상은 코로나로 인해 거리두기를 연습 중이다.
난 거리두기로 인해 홀로서기를 연습 중이다.
거리두기도 홀로서기도 원해서 한 건 아니다.

홀로 설 수 있다고, 홀로 서고 싶은 건 아니지만
살아 보면 원하지 않아도 그렇게 될 때도 있는 거니까.
마흔이면 불혹이라고, 더 이상 혹하지 않는 나이라는데.
또 흔들릴 내가, 쓰러지고 무너져 내리지는 않길 바라며.
마흔 즈음, 내가 나에게 남기는,
관계를 바라보는 다른 태도.

알림장

수년 전 5학년을 맡았을 때,
알림장을 써 달라던 학부모님이 있었다.
3학년을 맡을 때도 써 주지 않았는데, 당황스러웠다.
내 생각을 온전히 전하지 못한 아쉬움이 남는다.

부모의 불안

학생과 지내보니 5학년인데도 왜
알림장을 요구하는지 알게 되었다.

안내문이나 준비물을 잊고 안 갖고 오는
경우가 종종 있었다.
사실 누구나 놓칠 수 있는 일이지만
좀 예민하게 반응했다.

어머님은 스스로 하지 못하는 아이를 탓하기도 했다.
학교에서 제대로 안 알려 준다며
책임을 넘기기도 했다.
왠지 아이를 제대로 챙기지 못하는
자신에 대한 미움도 느껴졌다.

부모는 불안하다.
아이가 뒤처지면 더더욱.
그러다 보면 부모가 조급하게 된다.

물론 당장의 결과 처리가 급한 상황도 있다.
저학년이나 능력이 부족한 아이에겐
도움도 필요하다.
하나, 교육은 아이가 스스로 할 수 있도록
이끄는 것이어야 한다.

교육의 방향

바쁜 아침, 아이 둘을 챙기며 나도 피부로 와닿는다.
아이가 먹고, 입고 할 능력이 있는데도
바쁘면 내가 해 준다.
부모의 마음이 급할 땐,
아이의 결과를 우선적으로 만들려 한다.

당연히 아이가 입는 속도보다 내가 입히는 게 빠르다.
1분이면 입힐 걸, 아이는 10분 넘게 끙끙대고 있으니.
하지만 해 주는 부모가 되는 순간 매일 반복될 것이다.

아이는 다 흘리며 숟가락질을 배웠다.
더럽다고, 치워야 된다고 빼앗으면 기회도 함께 사라진다.
교육은 내가 해 준 1분이 아닌,
아이의 10분에서 이루어진다.

물론 어떤 논리적인 이야기로도
학부모님을 설득하기란 쉽지 않다.
그래도 부모님의 시각을 결과보다
과정에 두도록 유도할 필요는 있다.

교육의 목표는 아이가 만든 결과가 아닌,
결과를 만드는 아이 자체이니까.

아이의 성장

때론 아이 약을 챙겨 먹여 달라는 학부모님도 있다.
정말 심각한 경우엔 도와줘야 할 필요도 있겠다.
하나, 부탁을 받은 이후는 교사의 책임이 된다.
아이가 안 먹으면,
못 챙긴 교사의 무관심이 되는 것이다.

"저는 아이의 약을 먹여 주는 사람은 아닙니다.
아이가 스스로 약을 먹도록 가르치는 사람입니다.
○○이가 잊고 놓치더라도,
다시 적고 기억하도록 도와주겠습니다.

저는 알림장을 써 주지 않습니다.
단, 공책과 연필은 아이의 손에 있을 겁니다.
필요한 내용은 스스로 적도록 키우는 것이
저와 부모님의 목표입니다.

어른의 눈에는 어설픕니다.

친구들과 비교하면 부족할 수 있습니다.

그래도 이 아이를 키우는 동반자로서

함께 고민해 갔으면 좋겠습니다.”

함부로 하는 학부모님

사람은 모두 다르다.

학부모도 사람이기에 다양하다.

전적인 지원에서부터 매사에 삐딱하기까지.

불만의 이유

"우리 아이가 선생님을 너무 좋아해요."

"선생님의 지도 방향에 적극 따르겠습니다."

교사를 믿고 따라 주는

학부모님을 만나면 행복하다.

그러나 모두가 그러길 기대하긴 힘들다.
대통령의 지지율이 50%만 돼도 높다고 말한다.
교사가 대통령급의 리더십을 보여도
절반은 불만을 갖는다.

물론 그럴 만한 사안이 있을 수 있다.
불의의 사고, 교사의 실수, 친구 간의 다툼 등등.
불만의 목소리를 낸다고 해도
이건 해결하며 신뢰를 쌓아야 한다.

내 일은 참아도, 내 아이의 일은
참을 수 없는 게 부모의 마음이다.
아이의 아픔에 반응하여 나온
표현까지 탓할 수는 없다.
정말 해결하기 어려운 건 불만이 아닌 '불신'이다.

당신의 태도

이 세상 자체를 미워하는 사람이 있다.
'선생은 학생을 괴롭히는 존재'로만 경험한 사람도 있다.
내가 당신을 만나기 이전부터,
날 미워해야 했던 이유를 가진 사람들.

또는 나보다 돈이 많아서, 나이가 많아서, 학벌이 높아서.
어떤 이유로든 날 아래로 보고 들어오는 사람들.
난 그 모두를 학부모로 대해야 한다.

이런 것들은 내가 어찌할 수 없다.
해결할 수 있는 사건이 아닌 당신의 사상이기 때문이다.
수십 년을 살아온 당신이 내린 결론을
어찌 날 위해 바꾸겠는가.

그래도 난 당신이 바뀌었으면 좋겠다.
내가 말할 수 있는 유일한 근거는 '아이'이다.
부모의 태도는 아이에게
가장 중요한 교육 환경이기 때문이다.

아이의 환경

학부모님.
저는 아직 젊고, 교육 경력도 많지 않습니다.
부모님이 보시기에 부족한 점이 있을지 모릅니다.

하지만 전 아이들을 가르치는 교사로 이 자리에 섰습니다.
불평의 대상이 아닌,
배우고 따르고 싶은 존재여야 합니다.
그러기 위해선 부모님들의 지지와 믿음이 필요합니다.

흔히 수업의 질은 교사의 질을 넘을 수 없다고 합니다.
그러나 아무리 좋은 수업도
들으려 하지 않으면 의미가 없습니다.
저는 교육을 하지만 교육받을 환경을
만드는 데엔 부모님의 역할이 큽니다.

저는 저보다 어린아이들과 생활합니다.
그렇다고 그 어린 생각을 무시하지 않습니다.
저를 '어린 교사'가 아닌,
아이를 함께 키우는 '동반자'로 봐 주셨으면 좋겠습니다.

나마저 행정적이면 안 되었다

학생이 학교에 안 오면 결석계를 내야 한다.
3일 이상이 되면 의사 소견서 같은
증빙 자료도 필요하다.
이런 서류는 너무나 중요해서 학생의 아픔보다,
문서를 신경 쓰게 만들기도 한다.

오해의 시작

한 아이가 아침에 오지 않았다.

어머님께 전화했더니 오늘은 학교를 안 보내겠다고 한다.
요즘 스스로 일어나지도 못하고 해서 교육을 해야겠다고.

그런 이유의 결석은 납득하기 어려웠다.
우선은 보내 달라고 했으나
전학에 대한 생각도 있다 했다.
결석에 대한 이야기가 갑자기 전학으로 흘러
황당했지만 알겠다고 했다.

다음 날도 학생은 학교에 오지 않았다.
그렇다고 전학 처리가 된 것도 아니라
이틀째 무단결석이 되었다.
다시 전화를 하니 아이의 건강검진도 있어
전학 전까지 학교를 보내지 않겠다 한다.

늦잠이 결석에서 전학으로, 또 검진을 한다니.
나로선 어떻게 처리할 근거가 없었고 믿음도 가지 않았다.
뉴스에 나오는 사건처럼 극단적인 염려까지 되었고,
교감 선생님께 얘기하지 않을 수 없었다.

행정적 절차

보고 절차에 따라 올려도 결국 일은 아래의 몫이다.
교감 선생님은 나에게 매일 전화 확인하고
상담일지를 남기라 했다.
물론 당연히 해야 할 일이지만,
혹 떼러 갔다 혹 붙여 온 느낌은 지울 수 없었다.

주말이 지나서야 어머님은 사정을 얘기했다.
문자로 진료받은 내용이 담긴 사진을 보내며.
아이가 아프다는 것, 학교에 알려지길 꺼린다는 것.

그러나 교감 선생님은 의사 소견서나
진단서가 아니기에 다시 달라고 했다.
서류 이름은 다르지만 거기에 필요한
내용이 있는데 왜 안 되냐고 따졌다.
결국 교육청까지 확인해서 병명과 병원명이
나오면 된다는 답을 들었지만 씁쓸했다.

학생을 보내 달라고 할 때는 열정적인 선생님이었다.
학부모님과의 통화가 스트레스였어도

아직까지 선생님이었다.
교감 선생님이 문서를 계속 요구할 때
난 선생님이 아닌 '공무원'이 되었다.

행정의 이유

학부모님은 처음부터 솔직하게 말해 주지 않았다.
그래서 오해가 생겼지만 나중엔 알려 주었다.
하지만 그 목소리를 들은 건 나뿐이었다.

"학부모님이 부담스러워하고 힘들어합니다."
"그래도 확인 전화는 해야 돼."
'그래도'라는 말이 너무나 잔인하게 느껴졌다.

교감의 위치에 가면 행정가가 될 수밖에 없다.
'교사를 감독'하는, 교육청의
매뉴얼이나 지침에 근거해 말한다.
내 마음보다도, 학부모의 마음보다도
해야 할 처리가 우선이다.

나 또한 걱정이 아닌 지시에 의해

전화했음을 부정할 수 없다.

그렇기에 다시 다짐하기 위해 글을 남긴다.

아무리 행정을 중시하는 윗사람이 있어도

직접 사람을 대하는 건 교사인 나다.

또다시 이런 일이 생기고,

행정의 압박이 오더라도 잊지 말자.

나마저 행정적이면 안 된다고.

개인으로 남은 자의 변명

"전교조든 교총이든 교원단체 하나는 들어 줘야 된다."
언젠가 경력 있는 선배님으로부터 들은 말이다.
취지는 공감하지만 아직 가입하지 않았다.

첫인상

전교조에 대해 인식하게 된 건 제대 후였다.
돌아온 학교에는 전교조 선생님이 계셨다.
교장, 교감 선생님과도 맞붙는, 소위 좀 센 사람이었다.

좋은 의견을 말하는 경우도 있었지만 너무 전투적이었다.
내가 볼 땐 굳이 싸우지 않아도 될 상황인데도
교장, 교감은 우선 적으로 보는 것 같았다.

아쉽게도 위로만 거칠게 하는 건 아니었다.
"야! 가서 술 가져와!"
권위에 저항하는 분이었지만
권위적인 모습이 많이 보였다.

물론 이건 개인적인 경험에 불과하다.
한 가지 사례로 전체를 나쁘게 말해선 안 될 것이다.
그러나 외국인이 갖는 '한국 사람'의 이미지는
그가 만나는 바로 앞의 사람들로부터 만들어진다.
어쩌면 '전교조'라는 단체의 이름보다
내 옆의 전교조 선생님 한 명이 피부에 와닿는
더 큰 의미일 수 있다.

내 소리

그래서 아쉬움도 많이 남는다.

좋은 전교조 선생님을 만나 잘된 사례도 많다.
훌륭한 멘토를 만나,
교육적인 활동에도 많이 참여하고.

또, 나는 기질상 부당한 것은 꼭 얘기하려 한다.
나를 보고 "전교조 선생님이세요?"라고
묻는 경우도 있었다.
내가 가진 성향이 '전교조적'이라는 생각은
스스로도 많이 한다.

하지만, 그래서 또 두렵다.
부드럽고 무난한 사람 사이에서도 부딪힘은 있는데.
주관이 뚜렷하고 강한 사람들 사이에서
얼마나 충돌이 있을까.
난 전교조라는 단체에 힘입어 권위자에게
내 목소리가 먹히길 바라기도 했다.
반대로 전교조라는 단체의 색깔에
내 목소리가 묻히진 않을까 염려도 됐다.
난 내가 나로서 살아가기 유리한 곳을 찾으려 한 것이다.

살 만한

'단체에 가입하지 않은 개인은
무임승차하고 있는 것이다.'
언젠가 들었는지, 봤는지… 마음에 남아 있다.
이 글을 쓰면서 그리 떳떳하지 못한
기분도 이 탓이다.

힘든 시기엔 싸우지 않는 아군을 욕한다.
모두가 목숨 걸고 있는데
가만히 있는 비겁한 자라고.
그러나 모두가 싸워야 한다는 건
그 사회가 비정상이라는 얘기다.

싸워야 했던 시기를 견뎌 낸
선생님들의 가치를 알고 있다.
지금은 학교도 과거보다 민주적으로 바뀌었다.
백혈구가 병균을 물리치고
원래의 수치로 돌아가는 건 정상이다.

물론 아직 고쳐야 할 여러 부분들이 있다.

또 미래에도 정치적인 영향력은 꼭 필요할 것이다.
하나, 그건 싸움의 방식이 아닌
대화의 방식이어야 한다.

내가 정치력이 있는 단체에 소속되어서가 아니라
내가 하는 말이 옳은 말이라면
정치력을 가질 수 있기를.
뭉쳐야 살아남았던 시대를 지나,
흩어져도 살 만한 세상으로.

전 80점짜리 교사입니다

세상엔 잘난 사람이 너무 많다.
난 그들처럼 100점이 되긴 어렵다.
적당히 80점 정도가 내 삶인 것 같다.

나에게

고등학생 시절, 선생님은 좋은 대학만 가면
앞으로의 인생은 편해지리라 말씀하셨다.
하지만 난 그렇게 악착같이 공부해서

올라가면 끝이 아닐 것 같았다.
위 세계의 경쟁, 유지하기 위해
아둥바둥 노력하는 삶.

버스에서도 단어를 외우고 잠도 아끼며,
정말 열심히 공부한 친구가 있었다.
서울대에 들어가고,
지금은 미국 변호사 자격도 갖고 있다 들었다.
하나, 지금 그의 삶이 편하고 행복한지는 모르겠다.

공부, 게임, 운동… 무언가를 하다 보면
내 한계를 느끼는 지점이 있다.
즐겁게 몰입하고 있어,
자연스럽게 극복할 수 있다면 좋겠지만
다른 걸 희생해 가며
괴롭게 100을 만들고 싶지는 않았다.

물론 정말 열정을 갖고 노력해 성공한 사례도 많다.
내가 가진 생각이 어쩌면
패배자의 합리화일지도 모른다.
그러나 난 나 자신을 너무 괴롭히지 않도록

적당한 기대를 하기로 했다.

학부모님에게

"선생님은 숙제를 별로 안 내 주시나 봐요."
교사인 나를 변화시키려는 요구들이 있다.
프린트 좀 복사해서 내 주면 되겠지만
그러고 싶지 않다.

"전 학생이 하지 못한 부분이 숙제라고 얘기합니다.
집에서 해 와야 할 똑같은
'일'을 주는 건 좋아하지 않습니다.
제 목표는 숙제를 많이 내 주는 게 아니라,
자신의 것으로 느끼게 하는 것입니다."

학부모의 요구는 항상 존재한다.
하지만 난 꼼꼼하고 자상한,
그런 완벽한 인간이 못 된다.
기대에 충족하려는 노력만큼,
기대를 적정하게 내리는 노력도 필요하다.

어떨 땐 애가 나를 너무 무서워한다고
또 어떤 해에는 애들이 선생님 무서운 줄 모른다고.
난 그냥 나라서 누군가는 괜찮을 거고,
누군가는 불만일 텐데.

학부모의 민원을 무조건 무시하겠다는 말은 아니다.
그러나 한 아이만을 위한 요구에 날 맞출 수는 없다.
난 한 명의 100점이 아닌, 반 평균 80점을 받고 싶다.

선생님들에게

난 할 말은 하는 편이다.
이건 이래서 어렵고, 이건 이렇게 바꾸자고.
그냥 "네, 알겠습니다" 하는 사람에 비해
난 마이너스다.

그렇다고 내가 해야 할 일에 무책임하진 않다.
내가 편하자고 남한테 떠넘기는 일은 하지 않는다.
또 같이 논의하고 결정된 것은 싫어도 함께한다.

'80점짜리 교사'

80점은 높은 점수인가, 낮은 점수인가.

기본도 지키지 않고 80점을 받기는 어려울 것이다.

세상엔 생각이 다르고 잘 맞지 않는 사람도 많다.

날 좋아하는 사람도, 싫어하는 사람도 있을 것이다.

내가 나로 살기 위해 조금의 여유 공간은 남겨 두고 싶다.

20점 정도는 미움받아도 괜찮다고.

내 일이 되기까지

세상에 하고 싶은 일을 하고 사는 사람이 몇이나 될까?
'일하고 싶다'는 요즘 '하고 싶은 일'을 말하는 건
너무 사치인지 모른다.
그러나 누군가의 지시에만 따르는
부품처럼 산다면 그건 너무 괴롭지 않은가.

있던 것

'갤러리'라는 업무를 맡은 적이 있다.

학교 안에 작은 공간을 만들어 전시하는 일이다.
매달 작가와 연락하여 작품을 받고 돌려줘야 한다.

비중 있는 업무는 아니지만 손 가는 일이 많았다.
학생들에게 편히 개방되다 보니 훼손의 염려가 컸다.
포장을 뜯고, 다시 붙이고, 옮기다
내가 망가뜨릴지도 몰랐다.

나도 학교를 떠날 때가 되었고
갤러리를 없애자는 의견도 나왔다.
하지만 한 번 만들어진 건 쉽게 없애지 못하더라.
누군가 뒤를 이어 물건을 옮기고 있다 들었다.

큰 학교의 체육부장이 되면
이혼 서류를 써 놓으라는 우스갯소리를 한다.
주말에도 출장에, 한 번 나가면
며칠을 못 들어간다.
너무 커져 괴물이 된 일들이 학교 곳곳에 있다.

생긴 것

한 선생님은 학교에 논을 만들고 싶어 하셨다.
수확의 기쁨, 떡을 만들어 나누는 즐거움.
의미는 좋으나 감당하는 것이 문제다.

분명 논이 만들어지면 수업 몇 시간은 빠져야 할 것이다.
그건 자기 집 앞마당에 밭을 일구는 것과는 다르다.
내가 원한 일이 모두의 업무가 되는 것이다.

밴드를 만들자고, 원어민을 데려오자고
윗사람이 열심이면 아랫사람이 죽어난다.
시키는 사람은 쉽게 말해도 하는 사람은 힘들다.

물론 무조건 하지 않으려고 하는 건 좋지 않다.
발전하고 확장하려는 사람들의 성과가 있음을 안다.
그러나 내 의지엔
주변의 도움이 필요함을 잊지 않길 바란다.

하고 싶은 것

갤러리 업무를 맡고 처음엔 일만 했다.
그러다 걸어만 두고 휙휙 보고 지나는 게 아쉬웠다.
작품에 관해 퀴즈를 만들어 응모하고
상품도 주니 자세히 보았다.

어떤 일이든 흐름을 파악하고 이해하는 데 시간이 걸린다.
그 후에 어떻게 하면 효율적인지
더 나은 방향을 찾는다.
하고 싶은 일을 하긴 어려워도,
일을 하고 싶은 방향으로 바꿀 수는 있다.

게임에서도 너무 큰 몬스터는 협동해서 잡는다.
감당할 수 없을 정도로 커져 버린 일을
개인에게 던지지 않길 바란다.
어떻게 나누고 쪼개어, 괴물이 아닌
먹기 좋은 고기로 만들지 고민했으면 좋겠다.

새로 무언가를 하고자 한다면
부디 동의를 얻어 함께 가길 바란다.

공감대 없이 혼자만 너무 앞서가면
내 일로 느끼지 못한다.
남의 일을 하는 사람이 능동적으로 움직일 리 없다.

어쩌면 너무 이상적인 이야기인지 모른다.
그래도 우리가 대화하고 소통한다면
나아질 수 있으리라 믿는다.
이미 있던 것 말고, 남이 만들어서 준 것도 말고,
나를 채울 수 있는 작은 여유를.

동기 유발, 교사의

음식점이 맛이 없으면 망한다.
수업이 재미없으면 교사로 사는 게 괴롭다.
어떻게 학습 동기를 올릴 수 있을까 하는
고민은 교사의 본분이다.

학생의 흥미

교과서만 가지고 하는 건 따분하다.
'아이스크림' 화면을 보여 주는 것도 한계가 있다.

재미있을 만한 자료를 찾으러 '인디스쿨'을 헤맨다.

인디스쿨에 들어가면 선생님들의 열정이
얼마나 대단한지 알 수 있다.
어떻게 만들었는지, 어디서 찾았는지,
귀한 자료를 올려 주신다.
난 다운받는 것밖에 못 하지만
그 시간도 꽤나 큰 노력이다.

그러나 언젠가부터 인디스쿨에 들어가지 않고 있다.
수업 자체의 의미를 찾지 못하고
잠깐 눈을 돌릴 자료를 찾는 것에 회의를 느낀다.
마치 영양가 없이 MSG만 왕창 뿌린
음식을 먹은 것처럼 말이다.

학생의 흥미를 끄는 건 정말 중요하다.
그렇지만 한두 번의 눈속임으론 지속하기 어렵다.
학생을 몰입시킬 무언가가 당신 안에 있다고 난 믿는다.

교사의 흥미

운동을 좋아하는 선생님이 있다.
체육 수업을 좋아하고 다양한 활동을 한다.
교실 놀이나 뉴스포츠 같은
체육 쪽을 중심으로 성장한다.

독서 토론에 일가견이 있는 선생님도 있다.
거의 모든 수업을 글쓰기로 연결하고
자연스러운 대화식 토론을 한다.
글쓰기, 책 읽기가 지루할 것 같지만
아이들은 선생님의 수업을 좋아한다.

미술, 음악, SW 등등 관심 분야는 다양하다.
그 어떤 것이라도 수업에 연결하여 풀어낼 수 있다.
교사의 흥미가 학생의 흥미를 이끄는 동력이 되는 것이다.

"선생님은 동기 유발을 어떻게 하세요?"
난 반대로 묻고 싶다.
학생들의 학습 동기가 아닌,
선생님의 수업 동기가 있느냐고.

흥미의 지속

나는 승진에 큰 뜻이 없고
오히려 부정적인 인식을 갖고 있다.
그렇다고 승진하려는 사람들을 모두
나쁘게 보는 건 아니다.
무언가를 하려는 사람의 긍정적인 모습을 알기 때문이다.

승진 점수를 따려면
연구대회도 나가고 자료 개발도 해야 한다.
학위를 따는 목적이래도 대학원까지 나와야 한다.
어떤 이유든 수업에 대한
아무 고민 없이 가만있는 사람보단 낫다.

내가 열정에 불탔을 때는
2014년도에 학생들과 블로그를 시작할 때다.
3학년 아이들을 데리고
컴퓨터실을 오가며 열심히 가르쳤다.
학생이 수업을 듣는 대상이 아닌,
내가 하려는 수업을 도와주는 동반자로 느껴졌다.

천재는 노력하는 자를 이길 수 없고,
노력하는 자는 즐기는 자를 이길 수 없다.
해야 돼서 하는 수업이 아닌,
내가 하고 싶은 수업을 하자.
수업을 즐기는 교사는 천재가 될 때까지
노력을 지속할 수 있을 것이다.

처벌과 보상

잘못한 것과 잘한 것에 대한 처리.
부정적 행동을 억제하고, 긍정적 행동을 강화하는.
하지만 부디 수단이 목적이 되는 불상사는 없기를.

제도로

"선생님 교실에도 보상 제도 하나는
만들어야 되지 않겠어요?"
2008년 교사를 시작한 첫해에 들은 이야기다.

정말 당시에는 꼭 있어야 할 것으로 여겨지곤 했다.
학급온도계를 뜨겁게 올리고 개별 스티커를 모으고
이걸 꼼꼼히 관리하고 보상을 주면
학급 관리 잘하는 선생님으로 여겨졌다.

어릴 적, 학습지를 억지로 했던 기억이 있다.
다해서 스티커를 모으면 선물을 줘서 혹하기도 했다.
그러나 보상이 좋았을 뿐,
학습지 푸는 게 좋아진 건 아니다.

교육학에서 내적 동기와 외적 동기를 배운다.
행동 자체가 좋아서 하는 것,
그 보상을 위해 하는 것의 차이.
외적 동기가 강해질수록 본래의 목적인
내적 동기는 약해진다는 걸 알고 있다.

물론 순수한 내적 동기만으로 움직이기 힘든 경우도 많다.
제도를 잘 활용하면 학급 운영이 더 수월해질 수도 있다.
그래도 난 스티커가 아닌 내 말을 소중히 했으면 좋겠다.

내 말로

콜버그의 도덕성 발달 이론을 보면
1단계가 처벌, 2단계가 보상이다.
보상 제도를 자주 사용하면 학생들을
1, 2단계에 머물게 만든다.
선생님 말을 지키려는 수준만 되어도 3단계에는 온다.

난 내 아이가 떼를 쓴다고 사탕으로 달래지 않는다.
네가 이러면 내가 너무 힘들다고
사탕이 아닌 내가 이유가 되도록 노력한다.

학생과의 관계에서도 다른 도구가 끼는 걸 원치 않는다.
잘못된 건 고치라고, 필요한 건 설득하고 호소할 것이다.
나를 소중히 하는 이에겐
내 말이 곧 보상이자 처벌이 될 테니.
하지만 어쩌면 이런 건 너무 이상적이고 힘들지도 모른다.
또 말이 반복되면 나는 지치고 학생은 잔소리로 느낀다.
더 큰 성장은 결국 학생 스스로 하는 수밖에 없다.

결과로

고학년이 되면 규칙 준수의 4단계로 넘어간다.
규칙을 함께 만들며 공감하는 과정도 도움이 될 것이다.
더 높은 단계의 성장은 외부의 압력이 아닌
내부로부터의 변화일 테니.

40점의 좌절도, 100점의 기쁨도 온전히 너의 것이다.
고통에 처벌을 더할 필요도,
환희에 보상을 더할 필요도 없다.
자신의 결과를 어떻게 인식하느냐가
곧 처벌과 보상이 되는 것이다.

법과 제도는 잘못이 일어난 이후의 이야기다.
난 잘못을 저지르지 않도록 가르치고 싶다.
그래도 일어난 일이라면
결과를 통해 성장하길 바란다.

싸움의 처벌이 단지 혼나는 것이어선 안 된다.
승리의 쾌감이면 또 싸울 것이고,
깨진 관계라면 멈출 것이다.

행동의 결과를 인식하고 책임지는 일,
그것이 진정한 처벌과 보상이 아니겠는가.

결과 이후의 교육

물은 이미 엎질러졌다.

왜 그랬냐고 혼내도 담아지지 않는다.

난 그 결과 이후의 교육을 말하고 싶다.

문제 파악

둘이 싸워서 온다.

우선 상황 파악은 해야 한다.

왜 싸웠는지,

누가 잘못했는지는 가려야 하니까.

한두 번은 괜찮다.
나도 인내심이 있을 때다.
처음엔 잘 관찰해야 알 수 있다.

듣다 보면 원인이 보인다.
두 학생 사이 관계의 문제인지
한 학생의 성향이나 태도의 문제인지.

이제 해결할 차례이다.
말로 끝낼 수 있다면 좋겠다.
정말 힘든 건 다시 반복된다는 점이다.

반복 설명

정말 착한 선생님들이 있다.
끝까지 대화로 해결하려는 모습
지시, 명령보다는 이유를 이해하도록.

하나, 설명은 한 번으로 족하다.
몰라서 잘못하는 경우는 드물다.
싸우지 말아야 하는 걸 알면서도 싸운다.

설명은 나만 하는 행동이다.
듣는 사람의 능동성은 없다.
설명이 반복되면 잔소리로 흘러간다.

이 과정은 학생이 편하고 교사가 힘들다.
그런 교육은 유지하기 어렵다.
결과를 책임지는 건 교사가 아닌 아이여야 한다.

결과 책임

주의해야 할 점이 있다.
"너희가 알아서 해!"
이런 무책임한 태도여선 안 된다.

"어떤 행동 때문에 싸우게 되었을까?"
"싸우고 난 뒤 관계가 어떠니?"

결과를 명확히 던져 줘야 한다.

그리고 이후의 행동을 결정한다.
먼저 싸움으로 인한 피해를 복구해야 할 것이다.
서로에게, 친구들에게 사과하고
어질러진 뒷정리를 한다.

꼭 싸움에서만 그런 게 아니다.
우유 급식, 복도 통행 등
아주 기본적인 것부터 그래야 한다.
내가 말한 것이 가르침이 아니고
너의 행동이 내 가르침이다.

아이를 가르치려고 하면 말이 많아진다.
아이가 만든 결과를 내가 갖지 말고
다시 아이에게 주자.
엎질러진 물은 다시 담을 수 없지만,
닦고 새로 담으면 회복할 수 있다.

열심히 '하지 않을' 권리

교실이 지저분했다.
한 선생님은 좀 치워야겠다고 했고
난 그러지 않겠다고 했다.

학생의 결과

교실이 더러운 게 자랑은 아니다.
학생이 정리하지 못한 건 내 잘못이기도 하다.
하지만 그건 결국 학생이 해야 할 일이다.

"정리를 시켰어야 했는데 저도 정신이 없었나 봐요.
그렇다고 제가 치워 버리면 아이들은
자기가 어질렀는지도 모르더라고요.
내일 아이들이 오면 이 상태를
같이 보고 치우자고 할게요."

학생을 성장시키는 것.
교사가 해야 할 본분이다.
그래도 숙제를 해 주는 엄마가 되고 싶진 않다.

방치하는 교사보다는 나을 것이다.
친절한 도움이 아름다워 보이는 것도 안다.
그럼에도 '열심히' 일하는 교사에만
초점이 맞춰지는 건 씁쓸하다.

교사의 노력

정말 열정적인 선생님들이 있다.
자상하게 하나하나 챙겨 주는 선생님
누가 봐도 '참교사'라고 여길 만한 그런 선생님.

대단하다고 여기는 한편 나를 돌아보게 된다.

난 왜 그렇게 하지 않고 있을까.

움직이는 그와 가만히 있는 나를 어떻게 볼지 알면서.

난 가능한 내가 해 주지 않는다.

스스로 해 보고 안 되면 친구에게 부탁하라 한다.

내가 하면 1밖에 안 되지만,

너희가 하면 '1 X 학생 수'이다.

난 교육의 목표를 그렇게 생각한다.

내가 움직이는 게 아니라 학생이 움직이는 거라고.

교사를 보는 눈도 교사의 바쁨이 아닌,

학생의 지도에 있어야 한다고.

'나'라는 교사

물론 저학년은 내 1이 열 번은 필요한 걸 안다.

열일하는 선생님들을 폄하할 생각도 없다.

단지 난 그런 교사가 아닐 뿐이다.

난 내 아이가 넘어져도 일으켜 주지 않는다.
아이는 스스로 일어나 손을 탁탁 턴다.
그리고 그 손으로 날 다시 잡는다.

이런 생각을 가진 인간이 교사가 되었다.
내 손이 많이 안 보인다고
날 나쁘게 보진 않았으면 한다.
필요할 땐 내 손을 잡을 관계는
되어 있다고 자부한다.

하지 않음에 대한 내 변명이
누군가에겐 도움이 되길 바란다.
남에게 보여야 하는 열정에 주눅 들지 않기를.
안 하는 게 아니라, '안 함'을 하고 있다고.

말로만 하는 교육

'얘기를 했는데도 또 제대로 안 되어 있네.'
뒤집어지고, 새어 나오는 우유통들.
말해도 지켜지지 않는 많은 것들.

입으로

대부분의 교육은 내 입을 통해 전달된다.
수업의 내용뿐만 아니라, 생활하는 모든 것들.
문제는 내 말이 아이들의 손에서

이루어지지 않을 때다.

안내문, 일기장을 안 내는 아이들이 꼭 있다.
내일까지 가져오라면 며칠이 걸린다.
난 말했으나 되지 않는 결과를 보면 화가 난다.

물론 사정이 있을 수 있다.
부모님이 바빠서, 내가 아파서.
이유가 있으면 못 한 것도 이해가 된다.

그러니까 화가 나는 건 내 말이
이루어질 거라는 기대 때문이라는 것이다.
하지만 내 말은 시작의 알림일 뿐
결과를 보장하는 것이 아니다.
입에서 말한 것을 눈으로 확인하지 않는다면 말이다.

눈으로

우유를 똑바로 넣으라고 해 놓고 보지 않으면 던져 넣는다.
숙제를 하라 해 놓고 검사하지 않으면

안 해도 되는 것으로 여긴다.
내가 말해 놓고 지키지 못하면
하지 않아도 되는 것을 또 만드는 것과 같다.

그렇다고 확인하는 것이 전부는 아니다.
"수업 시간 지났는데 안 들어오고 뭐 해!"
내 눈이 결과의 끝에만 머문다면
난 혼낼 준비를 하는 교사가 된다.

"우리 반 애들은 준비가 안 돼."
아이들의 부족함을 푸념할 수도 있다.
그러나 그 부족함이 내가 가르쳐야 할 내용이다.

말 한마디로 되는 아이들은 이미 가르침이 필요 없다.
눈으로 확인만 해선 같은 결과가 반복될 뿐이다.
교육은 결과가 아닌 과정에 있어야 한다.

손으로

수업 시간에 딴짓하는 학생은 바로 얘기할 수 있다.

하지만 수학익힘책, 방학 숙제는 확인하기 어렵다.
말한 시간과 실행되는 시간의 차이 때문이다.

"우유 마시고 바르게 정리하세요."
아침엔 되고, 점심엔 될까, 오후엔 실패다.
내 입과 눈이 멀어질수록 실현 가능성은 떨어진다.

"자리에 앉으세요."
이것도 1학년, 유치원 학생에겐 어려운 일이다.
내가 말로 되는 쉬운 것들은
누군가의 손을 거쳐 간 어려운 것이었다.

물론 이 말이 너무 큰 부담인 걸 안다.
그러니 당신의 손이 미칠 수 있는 범위를
잘 파악해야 한다.
정말 필요한 것을 가능한 만큼 하는 것,
그것이 100번의 말보다 어려운 1번의 실천이리라.

원칙과 융통 사이

'열심히 하지 않을 권리'에서 가능한
학생이 하도록 기회를 주라고 했다.
'말로만 하는 교육'에서는 그것이 되도록 지켜보라 했다.
이젠 무엇을 지키라 할지에 대해 고민할 차례이다.

원칙을 깨는 융통

교사마다 지켜야 할 원칙으로 내세우는 것이 있다.
도덕, 철학적인 부분부터 아주 작은 행동, 규칙까지.

문제는 그런 원칙들이 깨지는 상황이 생기는 것이다.

복도에서 뛰는 아이들이 있다.
'애들이 얼마나 뛰고 싶으면 그럴까.'
장난치고 노는 아이들의 마음이 이해되기도 한다.

그러면 숙제하기 싫은 마음은.
공부보단 노는 게 좋고, 자유롭고 싶다면.
뛰고 싶은 학생의 마음으로
말리는 교사가 될 수는 없는 노릇이다.

때론 관리자의 지시로, 옆 반과 균형을 맞추기 위해
내 원칙이 흔들리기도 한다.
그러나 내 스스로가 마음이 약해서,
확신이 없어 헤매는 건 위험하다.
학생들은 그 애매함을 쉽게 파고들 것이고,
원칙은 무너진다.

원칙을 위한 융통

학생들과 '복도에서 뛰어도 되는가'에 대해
얘기 나눈 적이 있다.
대부분 안 된다고 했지만 예외 상황은 있다고 했다.
싸움이 났거나, 누가 다쳤거나 하는 다급한 일.

예외란 지키는 것을 전제로 한다.
놀이터가 된 복도엔 융통성을 발휘할 기본이 없다.
모두가 신호를 지키고 있을 때,
응급차를 위한 공간이 생기는 것이다.

화장실을 간 친구가 예외일 수 있는 건
모두가 자리에 있기 때문이다.
일기를 못 쓰는 예외가 있는 건
그날을 제외하고 '쓰기 위함'이다.
융통성은 원칙 위에 가능하고,
원칙을 위해 발휘해야 한다.

그러나 그 원칙이 '일기 쓰기' 같은
사소한 행동 하나에 있는 것은 너무 좁다.

부디 자신이 만든 작은 원칙 안에 갇히는 일은
없길 바란다.
내가 정한 원칙보다 더 큰 원칙이 융통이다.

융통을 위한 원칙

분명히 나는 꼭 해야 하는 것이라고 시키려 하는데
아무리 달래고 야단을 쳐도 학생은 따라오지 않을 때
나의 원칙이 지금, 여기의 아이들에게 맞는지
생각할 필요가 있다.

무엇이 원칙이 되는 건 그 구성원의 동의가 있을 때다.
일기를 억지로 쓰고 있다면
내 원칙일 뿐 우리의 원칙은 아니다.
'하고 있지만 싫은 것'과 '싫지만 해야 하는 것'은
강제와 능동에서 다르다.

고학년이 되면 보상이나 관계만으로 움직이긴 어렵다.
왜 이것이 옳은가, 필요한가에 대해 답할 수 있어야 한다.
그렇지 않다면 아이들은 당신의 원칙에

합의하지 않을 것이다.

옳고 그름을 분명히 하고 원칙을 세워 가는
교사는 훌륭하다.
나아가 원칙 안에서 학생들을 포용할
융통성을 발휘하는 교사는 따듯하다.
그러나 그 이전에 자신의 원칙을 점검하고
새로이 할 수 있는 교사는 위대하다.

거절할 용기와 창의성

이 몽둥이가 있다고 해도 맞을 것이요, 없다고 해도 맞을 것이다. 그리고 아무 말도 하지 않아도 맞을 것이다. 이 몽둥이는 있는가, 아니면 없는가? 말해 보라.

철학자 강신주의 책 《철학이 필요한 시간》에 나오는
임제 스님의 일화이다.
여기서 맞지 않을 수 있는 답은
그와 무관한 대답을 하는 것이다.
차 향기가 좋네요. 바람이 시원하네요….

사실 이런 대답을 하는 것은 질문을 무시하는 것이다.
만약 현실에서 이런 대답을 한다면
한 대 맞을 걸 열 대는 맞을지 모른다.
질문에 답하지 않는 건
질문자를 무시하는 행동이기 때문이다.

하지만 이것이 정말 중요하다.
창의성은 질문자에게 있는 것이 아니다.
창의성은 답을 찾는 사람에게 있기 때문이다.

물건에서의 창의성

몽둥이를 보며 난 이런 대답을 하고 싶다.
"막대기가 있네요. 검도를 배우시나요."
"방망이가 있군요. 먼지 털러 가시나요."
지팡이가 있네요, 요술봉이 있네요, 등등.

난 스승의 질문을 무시할 생각도 없고,
실제 보이는 물건을 무시할 생각도 없다.
난 그저 몽둥이를 긍정하지는 않았다.

그 물건이 '몽둥이'인지는 내 결정에 따른다는 것이다.

우리 아이는 컵을 장난감으로 쓴다.
누군가는 컵을 악기로 활용해
'컵타'라는 음악을 만들기도 한다.
컵을 물 먹는 데 쓰라고 한 건 만든 사람일 뿐이다.

물건의 용도는 어쩌면 고정관념일지 모른다.
물건을 조합하고, 확장하는 것은 그로부터의 자유다.
창의성은 물건이 갖고 있는 기존의 영역을
거부하는 것이다.

일에서의 창의성

일에서도 마찬가지다.
업무 간 연관성을 찾고 확장한다.
단지 새로움이 아닌 효율과 합리성을 찾는다.

하나, 쉽지 않다.
물건은 전혀 다른 용도로 쓸 수도,

우연히 다른 기능을 발견할 수도 있다.

하지만 일은 계획, 실행, 결과 보고 같은

정해진 매뉴얼이 있다.

정해진 규칙을 지키면서 융통성을 발휘하기란 쉽지 않다.

일에서의 창의성은 물건에서의 창의성보다 갖기 어렵다.

일은 나만의 문제가 아니기 때문이다.

물건에서는 나의 고정관념만 넘어서면 된다.

일에서는 '너의 고정관념'도 넘어서야 한다.

관계에서의 창의성

다시 임제 스님의 이야기로 돌아온다.

당신은 '몽둥이'를 들고 있는

스승 앞에서 당당히 말할 수 있는가.

거기에다 맞는 대답이란 '차 향기가 좋다'는

말 같지도 않은 소리인데

답을 알고 있다고 해도 과연

자신 있게 말할 수 있겠냔 말이다.

당신 혼자서는 창의적일 수도 있다.
하지만 당신의 창의성은 관계의 문제를 넘어서야 한다.
당신이 아무리 뛰어난 생각을 갖고 있어도 꺾이면 끝이다.

직장 상사의 꽉 막힌 업무 지시를 거절할 수 있다면,
나만의 효율적인 업무 처리도 가능할 것이다.
연인 관계에서 밥 먹고 차 마시고 하는
정해진 데이트를 거절할 수 있다면,
다양한 많은 것을 함께할 수 있다.
꼭 명절을 지켜야 하는 부모의 기대를 거절할 수 있다면,
차 안 막히는 여유로운
다른 날에 찾아뵐 수 있을 것이다.

모든 관계를 멋대로 하라는 말은 아니다.
함께한다는 건 서로 양보하는 부분 없이 이룰 수 없다.
다만 거절할 수 있는 관계에서
더 다양한 '우리'를 찾으며 살아갈 수 있을 것이다.

급식은 옳지 않아요

아이들이 하루 중 가장 기다리는 시간이다.

메뉴에 따라 오늘의 기쁨과 슬픔이 갈릴 정도다.

적어도 이 시간만큼은 편안하고 행복했으면 좋겠다.

넌 먹지 마

몇 년 전, 학급에 덩치가 큰 학생이 있었다.

키도 큰데 비만도도 높아 좀 심해 보이긴 했다.

영양, 보건 선생님께 상담도 수년 받아 온 모양이다.

학기 초 급식을 먹는데 거슬리는 말이 들렸다.
"넌 그만 받아. 조리사님! 얘는 밥 반만 주세요!"
처음 받을 때도 거절, 다시 받으러 가도 퇴짜였다.

아이는 우울하고 속상해했고,
오후 수업에 태도도 좋지 않았다.
방과후 시간이 되기도 전에 배가 고프다,
간식을 먹겠다 난리였다.
이런 일이 여러 번 반복되니,
영양 선생님과 말을 나눌 수밖에 없었다.

"선생님. '넌 살 빼야 되니까 먹지 마' 이러시는 건
좀 안 해 주셨으면 좋겠어요.
급식 지도를 적극적으로 해 주시는 건 감사하지만,
이건 인격을 건드는 경계에 있는 것 같아요.
아이들한테는 '외모로 놀리지 마라,
모두가 사랑받아야 할 소중한 존재다'라고
가르치고 있는데요."

하지만 돌아오는 답은 강경했다.
얘는 세게 말 안 하면 계속 달라 한다,

살이 너무 쪄서 다리도 휘려 그러지 않냐.

"맞아요. 건강에도 문제가 있고
살도 빼야 하니 영양 균형 중요하죠.
그러니까 더더욱 급식을 잘 먹고,
간식을 줄이는 게 낫지 않을까요.
가정 상황도 잘 챙기기 어려워
제대로 된 식사가 급식뿐인 걸요."

여전히 돌아오는 답은 강경했다.
아이와 나는 적당히 타협할 수밖에 없었다.
그리고 그해 영양 선생님은 명예퇴직을 하셨고,
난 학교를 떠났다.
이후 아이의 점심은 행복해졌을까,
이젠 지난 일이 되었길 바랄 뿐이다.

다 먹어야지

예전엔 정말 급식 검사를 심하게 했다.
다 먹지 못하면 먹을 때까지 혼나고 교실에 가지도 못했다.

아내도 싫어하는 반찬을 억지로 입에 넣었다가
게워 낸 얘기를 했다.

요즘엔 이렇게 심하게 하는 선생님은 보기 힘들다.
강제로 먹였다간 민원에 시달리기도,
뉴스에 나오기도 하니까.
영양 선생님들도 스티커 같은 보상 제도로
안 남기도록 유도한다.

음식이, 식재료가 아까워 다 먹이려 했던 옛날.
학생 인권이, 개인의 자유가 중요한 요즘.
급식 지도가 덜 폭력적인 방식으로 바뀐 것 같긴 하다.

그러나 음식을 바라보는 태도도 바뀌었을까.
억지로 먹이는 행위가 어려운 지금이지만
억지로 먹이고 싶은 생각은 남아 있지 않은가.

초딩 입맛

회식을 하다 보면 음식으로 놀림받는 경우가 종종 있다.

"동해 사람이 해산물도 못 먹어?
개불이 얼마나 맛있는데!"
또 버섯이나 채소보다 고기를 좋아한다 하면
초딩 입맛이라고 놀린다.

그럼, 그런 음식들을 먹으면 어른인 건가.
뱀이고 곰이고 사람이고 가리지 않으면
어르신이라도 되나.
그런데 그런 사람들이 이건 뭐가 안 좋다면서
빼는 건 꼭 있더만.

물론 자신이 좋아하는 음식을
권하는 좋은 마음인 경우도 있다.
나도 나이 들며 음식의 범위가 확장되는 것도 안다.
하지만 음식은 옳은 것이 아닌 좋은 것이어야 한다.

"급식이니까, 너에게만 맞출 수 없다고
먹을 만큼만 받아서 남기지 말라고 지도해요.
영양도 중요하니까 싫어하는 것도
맛은 꼭 보라고 하고요.

하지만 반대로, 단체식이라서 어쩔 수 없이
먹는 경우도 생기는 거니까.
누구나 좋고 싫음은 있는 거니까,
옳다 그르다 강요는 말아 주시길.
대한민국 초딩을 위해
초딩 입맛 초등 선생이 글 남깁니다."

순수함, 그리고 교직 사회

기억도 흐릿한 꼬꼬마 시절, 놀다 보면 목이 말랐다.
내 집은 5층이었고, 엘리베이터도 없었다.
난 1층 문을 발로 차며 물을 달라 했다.
엄마의 말론 그렇게 물을 먹고 또 놀고 그랬단다.

어릴 적 누구나 그랬듯, 순수했던 것 같다.
그냥 목이 말랐고, 물을 주셨고, 그래서 찾았다.
그리고 난 아직도 그때의 순수함이 남아 있나 보다.

순수한 마음

난 순수하게 살고 싶다.
좋은 것을 좋다고 하고 싫은 것을 싫다고 하겠다.
옳은 것을 옳다고 하고 그른 것을 그르다 하겠다.
하지만 순수함을 지키는 것은 쉽지 않다.

그래서 날 좋아해 주는 사람과 함께한다.
내가 좋아하는 사람과 한잔 기울이련다.
억지로 먹이려는 그런 자리는 거부한다.

주말에 술을 한잔했다.
교장 선생님, 교무부장님 셋이 남았다.
누군가에겐 지옥 같은 이름인지 모르겠지만 난 좋았다.

내가 그냥 사람으로서 그들을 좋아했듯,
그들도 나를 사람으로 좋아해 줬다.
어리다고 함부로 하지 않았고,
경청이 아닌 대화가 되는 시간이었다.
교장 선생님은 먼저 들어갔고,
교무부장님은 집으로 가자 했다.

난 더 먹고 싶었고, 불러 주셨고, 그래서 갔다.
어린 날의 그 발길질처럼.

교직 사회

어떻게 난 이렇게 살 수 있을까.
내 순수함만으로 가능했겠는가.
나에겐 세 가지가 크게 느껴진다.

1. 모든 평교사는 같은 직급이다.
교감, 교장을 제외하면 나이, 경력은 있어도
다 똑같은 교사다.
물론 학년부장, 업무부장도 나뉘어 있지만
기본은 담임이다.
각자 한 교실을 맡는 교사로서
서로 존중하는 분위기가 있다.
물론 권위적인 사람도 있지만 인턴, 사원,
대리로 올라가는 일반 직장에 비할 것인가.

2. 거의가 같은 동문이라는 것.

일반 회사에서 정말 친해지지 않는 한 형이 될까.

하지만 교직은 같은 교대, 평생 가는 식구라는 개념이 있다.

대학교 때는 한 학번도 '하늘 같은 선배'였지만,

현장은 다르다.

내 경험으로 대충 열 살까지는 사석에선 다 형이다.

물론 형이랍시고 아래로 함부로 하려는 사람도 있지만

이러면 차라리 빨리 손절할 수 있어서 다행이고.

대부분은 형으로서 베풀고, 알려 주려 노력했다.

3. 교장이 날 자를 수 없다.

흔히 이런 말이 있다.

'승진만 포기하면 교직이 편해진다.'

내가 윗사람에게 잘 보여서

뭘 할 생각만 없으면 당당해진다.

그리고 교사는 다행히 그럴 수 있는 위치에 있다.

적어도 내 밥줄이 끊길까 비굴할 필요는 없다.

그래서 난 행복하게 살고 있다.

평등하되 존중하는 관계를 맺으며.

그렇다고 모든 교사가 좋은 사람인 건 아니다.

세상 어디에도 완벽한 사회란 존재하지 않는 법이다.

인간적 사회

사회의 문제를 개선하는 것도 정말 중요한 일이다.
하지만 아무리 좋은 사회에도 나쁜 사람은 있다.
교회에도 나쁜 사람이 있고, 천국에도 악마가 있다.

교사라고 해서 다 따뜻하고 교육적인 사람만 있지도 않다.
때론 권위적이고 자신의 옳음만 강요하는 사람도 있다.
난 그저 내가 좋다고 느끼는 사람을 곁에 둘 뿐이다.

내 사회를 구성하는 주체는 나 자신이다.
어떤 사람은 교장에게 편하게 대하는 나를 건방지다 했다.
또, 윗사람에게는 입 닫고 들으라고 한 사람도 많다.
하지만 그 말에 주눅 들었다면
지금 내 곁의 부장과 교장은 없다.
난 내가 좋아하는 사람, 가치,
그 순수함을 잃지 않았다.

당신의 삶에 천사 하나는 있어야 한다.

그래야 지옥 같은 세상이라도 버텨 낼 수 있을 것이다.

아무리 위계로 가득한 직장이라도

사람으로 보이는 한 명은 있을 것이다.

날 사람으로 대해 주는 한 사람만 곁에 있다면,

그래도 그 직장은 살 만하지 않을까.

일, 가족, 나

누군가가 그런다.

난 출근을 8시에 했다고.

누구는 더 일찍 왔느니 말을 하기도 한다.

하지만 난 기분이 좋지 않다.

왜 정해진 시간보다 일찍 오는 걸

자랑으로 여겨야 하는가.

일찍 오면 성실하고 늦으면 불성실한 것인가.

일

정해진 출근 시간을 지키는 것은 당연한 것이다.
교사는 아이들이 있기에 딱 맞춰 오기보다
조금 일찍 오는 게 좋다.
하지만 이유 없는 조기 출근은 싫다.

일을 하다 보면 늦어지기도 한다.
때에 따라서는 일찍 와야 하는 경우도 있다.
하지만 더 일하는 것을 옳은 것으로
요구한다면 난 거부하겠다.

난 아침에 일어나서 내 아이와 보내는
그 잠깐의 시간이 너무 소중하다.
난 교사로서 살고 있지만, 아빠로서도 살고 있다.
교사의 삶에 문제를 주는 것이 아니라면
난 최대한 아빠로, 남편으로 살고 싶다.

가족

또 누군가는 이렇게 말할지도 모른다.
말은 그렇게 하면서 밤늦게까지 술 먹고 하지 않느냐고
가족을 위하는 척하지만
자기만을 위하는 이기적인 놈 아니냐고.

맞다. 난 이기적이다.
가족에게 큰 피해가 되지 않는 한 내 즐거움을 누리련다.
난 회식이라도 억지로 먹는 술이 아니라면 술자리가 좋다.

물론 '큰 피해가 되지 않는 한'이라고 말했듯
나도 양심은 있다.
괴로워하는 아내를 두고 술이나 먹고 있지는 않는다.
정해진 출근 시간을 지키듯, 가족의 기본을 지킨다.
아내도 그걸 믿기에 날 보내 주는 것이다.

난 언제나 아내에게 말한다.
각자가 행복해지는 길을 찾자고
너를 버려 우리가 행복해지는 길 따위는 없다고.
나를 버려 만든 가족이 아니기에 우리는 행복할 수 있다.

나

난 지금 일찍 오는 사람을 탓하려는 것이 아니다.
누구나 자신이 중요하다고 생각하는 가치를 지키며 산다.
아이들이 소중해서, 할 일이 있어 일찍 온다는데
누가 말리겠는가.
하지만 자신의 가치를 다른 사람에게
강요하지는 않길 바란다.

그렇다고 기본도 없는 사람을 옹호할 생각은 없다.
출근도 멋대로, 일도 엉망이라면 비난받아 마땅하다.

그래도 인간으로서의 가치를 잊지는 말자.
기업 중심, 일 중심의 사고는 가족도, 나도
가치 없는 것으로 만든다.
가족에서도 내 행복이 존재하듯,
직장에서도 내 행복이 존재하길 바란다.
나를 버려, 내 가족을 버려 직장을 만들지 않도록.

맛집과 인생

해장을 하고 싶었다.

가려던 체인점 국밥집이 문을 닫았다.

속이 급해 근처 작은 순대국밥집에 들어갔다.

시도

생각보다 너무 맛있었다.

국물이 깔끔하면서도 개운했다.

조미료 때문에 속이 부대끼지도 않았다.

내가 왜 진작 이곳에 오지 않았을까.
이 작은 동네에 음식점이 많지도 않은데.
생각해 보면 매번 가는 몇 군데를
돌려막기 하는 것 같았다.

물론 거부감이 생기는 그런 식당들이 있다.
사람이 너무 없어서 불안한 곳이 있고
안이 보이지 않아 문을 열기 부담스러운 곳도 있다.

반대로 사람이 많다고 무조건 맛있는 것도 아니다.
내 지역 맛집을 검색해서 가 봤다.
거기엔 여행 온 사람이 정말 많았다.

여행

'맛집은 검색되지 않는다.'
그 지역에서 이미 잘되는 곳은 홍보도 안 한다.
나도 걸어 다니며 찾아보기도 했다.
하지만 그게 쉬운 일은 아니다.

'허름한 곳이 맛있는 거야.'

들어가면 정말 맛도 허접한 경우도 많다.

또, 밥을 찾아 헤맬 때는 체력이 얼마 안 남았다.

싸움의 제1 원인은 아마 밥 문제일 것이다.

결국 어디 쉴 곳을 찾아, 검색을 한다.

애초에 그 맛집을 가려고 한 여행일 수도 있다.

여행에서 무모한 도전을 하기엔 기회가 별로 없다.

난 문득 깨닫는다.

우리의 삶도 어쩌면 이렇지 않았던가.

실패를 할 여유가 없어 맛집만 찾아다닌 것은.

맛집

한 번의 여행이라면 유명한 맛집을 가는 게 좋다.

그 지역의 대표 음식을 먹어 봐야 하니까.

알아본 만큼 실패를 줄일 수 있다.

하지만 그곳이 내 삶의 장소라면 다르다.

한 번 먹고 떠날 곳이 아니다.

혹시 실패해도 버릴 음식점 하나를 알게 된 것이다.

아이들의 삶도 한 번의 여행이 아니라면
그것이 자신의 삶을 지속하고 결정하는 일이라면.
수많은 도전과 실패로
자신의 목록을 만들어야 하지 않을까.

인터넷에 검색해서 나오는 맛집이 아닌
나만이 알고 있는 정말 맛있는 곳.
다른 사람의 입맛은 몰라도 나는 정말 맛있는 곳.

어딜 가도 똑같은 맛의 체인점이 아니라
검색 순위에 나오는 1, 2, 3위가 아니라도
내 입맛에 맞는 나만의 맛집을 갖고 살아가기를.

가정으로 보내는 편지

좋은 교사, 좋은 부모가 된다는 것

올해 전 목표가 한 가지 있습니다. 내가 맡을 학생 가운데 ADHD 약을 먹는 학생이 있는데, 그 약을 떼게 하는 것이죠. 1년간 옆에서 지켜본 바로는 태생적인 뇌의 문제는 아닌 것 같았거든요. 얘기를 하면 대화가 되었어요. 물론 과한 폭력성이 있지만, 가정의 문제라고 생각했죠.

이제 담임 배정을 받았고 학부모와 상담도 해야 할 텐데, 부모님이 학교에 요구하는 것들이 부담스럽게 하네요.
상담 교사가 상담해야 된다, 우리 아이를 제대로 봐 줄 수 있는 특수교사를 배정해 달라.

그래도 부딪쳐야죠. 그 아이를 위해서.

상상을 해 보니 이런 말이 하고 싶어지네요.
전 1급 정교사 자격증이 있습니다. 하지만 이것은 교사가
되기 위한 '자격증'일 뿐 좋은 교사를 증명해 주는 것은 아
닙니다. 좋은 교사가 된다는 것은 자격이 있는 것보다도 훨
씬 상위에 있는 개념입니다.
전 상담과 관련한 자격증도 없습니다. 특수교사 자격증도
없지요. 하지만 전 누구보다 아이의 마음을 읽고 느끼기 위
해 노력할 것이고 그 마음의 아픔을 치유해 주기 위해 최선
을 다할 것입니다.

부모가 되는 데에는 '자격증'이 없습니다. 하지만 부모가 되
기 위한 '자격'의 요소는 있지요. 이에 더해 좋은 부모가 되
기 위해서는 정말 많은 노력들이 필요합니다.

저도 딸 둘을 키우느라 정말 노력하는데도 도저히 답을
알 수 없어서 한없이 고민하고 노력하고 있습니다. 이 아이
를 위해 함께 고민하고 노력했으면 좋겠습니다. 그것만이
좋은 교사가 되고 좋은 부모가 되는 유일한 길인 것 같습
니다.

ADHD 학생과 두 달 후

우리 반에 ADHD 학생이 있어요. 괴로워하며 두 달을 보내던 중 한 연수를 듣게 되었네요. 이 글은 그 연수의 과제입니다.

절망하는 교사

다음 사연을 읽고 동료 교사로서 사연 속의 교사가 어려운 감정을 벗어날 수 있는 방법에 대해 적절한 조언을 제공해 보세요.

올해 제가 맡은 반은 정말 최악입니다. 몇 명의 아이들이 정말 저를 힘들게 합니다. 수업을 제대로 진행할 수 없도록 하고 좋은 말로 이야기를 해도 듣지를 않아요.

요즘 몸이 안 좋아서 쉽게 피곤한데 아이들은 제가 피곤할 때면 꼭 큰 사고를 쳐서 저를 더 힘들게 합니다.

아이들에게 소리를 지르고 협박을 하고 이런 모습을 보이고 나면 집에 와서 자괴감이 듭니다.

내가 이런 모습을 보이려고 교사가 되었나 싶고 이러지 말아야지 하는데 아침이 오는 것이 싫습니다.

저 역시 좋은 선생님을 많이 만나 보지 못해서 저만큼은 좋은 선생님이 되고 싶었습니다. 그런데 지금의 내 모습은 제가 학교 다닐 때 보았던 늘 짜증이 많은 교사의 모습이에요.

이런 교사 생활을 계속해야 하나 하는 회의감이 자꾸 듭니다.

나도 그러네요

선생님. 많이 힘드시겠어요. 당신께서 선생님으로 계신 시간 동안 최악이라고 느낄 정도면 지금 아이들이 오죽 힘들게 할까요. 정말 그 아이들은 누가 맡아도 힘들, 정말 '어려운 아이들'일 거예요. 저도 지금 같은 상황에 놓여 있어, 선생님의 마음을 정말 잘 알 것 같아요.

교사인 저는 이 반을 이끌어 가야 하는 상황에서 한 아이의 문제가 모두에게 피해가 되는 상황 속에 있습니다. 높았던 의욕과 컨디션은 하루하루 지날수록 바닥을 뚫고 한없는 낭떠러지로 추락하는 느낌입니다.

물론 이 아이가 자신이 싫어하는 일을 강요하는 선생님과 내 맘대로 되지 않는 친구들 사이에서 힘들어하고 있는 것을 알아요. "난 왜 생각이 안 나는 거야!! 왜 자꾸 눈물이 나지!?" 괴로운 순간순간 자책하는 모습을 보면, 그 분노를 제어하지 못해 스스로도 힘들어 보입니다.

하지만 이 상황에 놓여 피해를 보는 다른 친구들도 보여요. 이 교실의 상황은 이미 학급의 최악의 단계 '전쟁 상태'예요. 한 아이의 폭력성으로 이미 다른 아이들도 예민하게 날이 서 있는 상태이고, 이 교실의 정의는 한 명의 무법자의 손에 다 부서진 것만 같은 느낌이에요.

내 욕심이 컸어요

저는 올해 이 아이를 치유하겠다는 목표를 갖고 시작했어요. 그래서 내 교실에 정의를 세우고 관계를 회복하여 '영구 평화'의 상태로 놓겠다는 게 궁극적인 목표였지요. 하지만 제 욕심과 의지가 지나쳤을까요. 아무리 마음 쓰고 노력해도 변하지 않는 그 아이를 보며 저도 지치고 같이 화를 내는 상황으로만 발전하더군요.

저는 이제 두 달이 지난 지금에야 마음을 좀 내려놓습니다. 원래부터 학교에서 힘들어하는 아이였고, 그 아이를 내가 맡으려고 했던 것이었어요. 이 힘든 아이를 너무 쉽게 변화시키리라 생각했고 나 자신을 너무 과대평가했던 거예요. 난 지금 당장 이 아이를 변화시킬 수 없음을 깨달았습니다. 처음의 목표는 잘못되었어요. '너를 변화시키겠다'는 것은.

내가 할 수 있는 일이란 그 아이의 감정이 다 쏟아져 나오도록 견뎌 주고 지켜 주는 것이었고, 그 상황에서 다른 아이들이 피해받지 않도록 안전한 거리를 확보해 두는 것이었는데….

부모는 '올바른 길에 서서 견뎌 주는 존재'라고 이 연수에서 말하네요.

저도 이 길에서 견뎌야 하는데 억지로 끌고 오려다 내가 여기서 떨어질 것 같아요.

좋은 마음으로, 옳은 길에 서 있었던 내가 이렇게 무너져 버리면, 이 교실은 누가 책임질 수 있는가 다시 반성이 되더군요.

우리는 지금 비를 만났어요. 그 비가 태풍처럼 차갑고 아프게 나를 때리고 지나가지만 이 비가 그치면 다시 맑은 하늘을 보게 될 거예요. 이 빗속을 맨몸으로 견디기 힘들면 우산을 쓰세요. 하지만 정말 힘들면 잠시 이 비를 피해 버리는 것도 좋은 방법이에요. 이 비에 당신의 마음마저 차가워지지 않기를 바랍니다.

미안합니다. 이 글은 교사가 교사에게 쓰는 글이에요.

이 비를 절대 피할 수 없는 부모인 당신에게 이 말이 더 속상할지 몰라요.

하지만 우리는 이 아이를 함께 키우고 있다는 것은 잊지 말아 주세요.

저도 당신과 함께 이 길에 서서 견디고 있습니다.

이 아이는 우리 아이잖아요

올해 처음 ADHD 학생을 맡았을 때 전 부모님의 역할이
부족하다 생각했어요. 학기 초 상담을 하면서 이 아이의
문제가 어릴 때의 환경에 있었다는 걸 알았죠. 그때의 문제
를 그 사람들에게 탓할 수는 있어요. 하지만 아이의 문제
를 지금 우리가 서로에게 탓해서 아이가 나아지지 않아요.

나는 이 아이를 당신과 함께 키우고 있습니다. 당신은 아마
아이가 좀 컸으니 교사인 내가 그냥 키우면 된다고 생각하
는지도 몰라요. 하지만 저에게 요구를 한다고 아이가 그렇
게 만들어지는 것은 아니에요. 난 당신과 함께 아이를 키우

고 싶습니다.

선생님이 해 주세요

아이의 알림장을 써 달라고 하는 어머님이 있네요. 우리 아이는 자꾸 깜빡하고 챙겨야 할 것도 잊어버린답니다. 작년에도 써 줬는데 올해는 안 써 주니 불편하답니다.
한 어머님은 나에게 아이의 약을 챙겨 먹여 주길 바라네요. 매일 점심 먹고 나서 꼭 챙겨 먹여야 한답니다.
하루는 아이가 약을 깜빡했네요. 전화해 보니 새벽에 출근하며 두세 번 얘기하고 나왔는데 기어이 안 챙겨 갔다네요. 집으로 보내 주면 아이가 혼자 가서 먹고 올 수 있으니 보내 달래요.

난 못 하겠어요

어머님. 난 아이의 알림장을 써 주는 사람이 아닙니다. 물론 아이들한테 안내하는 중요한 것은 메모를 하라고 할 수 있죠. 하지만 '알림장'을 적는 것은 온전히 아이의 몫입니다.

약을 먹도록 챙겨 줄 수도 있어요. 저도 점심 먹으러 내려가면서, 먹고 나서, 교실에 와서 하루에 몇 번을 얘기해요.

하지만 저도 어머님의 새벽 출근처럼, 아이 하나를 챙기기엔 정신없이 바쁠 때가 있어요.

우리 싸우지 말아요

우리의 목표는 서로의 책임을 묻는 데 있지 않습니다. 저를 꼼꼼하고 완벽한 교사로 바꾸어서 아이를 챙겨 주길 바라지 마세요. 저도 어머님께 아이의 부족함을 탓하지 않을 거예요.

우리는 오로지 아이를 위해, 아이를 성장시키기 위해 만났습니다. 아이가 스스로 알림장을 쓸 수 있고, 스스로 약을 챙겨 먹을 수 있도록 키우는 데 목표가 있는 것입니다.

그저, 우리 함께 키워요. 우리의 부족함을 서로에게 미루려 하지 말고, 그 부족함을 이 아이가 어떻게 채워 갈지를 생각해요.

나가는 말

✣ ＊ ＊ ＊ ＊ ＊ ✣

'교실 바로보기'는 제 반 아이들과의 이야기입니다. 학생에 대한 이야기인 만큼 전하고 싶은 메시지도 학생을 향한 것이 많지요. 말로 전한 것도, 마음에만 담아 둔 것도 있습니다. 이미 아이들은 제 손을 떠나 이 책을 전하긴 어려울 테지요. 그래도 언젠가 제 이야기를 읽게 된다면, 선생님은 이런 마음으로 너희들과 함께했노라고 알아주면 좋겠어요.

'학교 바로보기'는 교직 사회, 교직원 관계에 대한 이야기예요. 여기서는 관리자나 경력 있는 선생님들께 전하고 싶은 말을 주로 담았어요. 말로 하기 어려운 것들을 글로 적었습니다. 혹여 불편하실지 모르지만 변화의 힘을 가진 윗분들께서 들어 주시길 바랐어요.

'세상 바로보기'는 저의 교육철학과 관련된 내용입니다. 학생이나 학부모의 요구에 흔들리는, 이것이 맞나 저건 어떻게 해야 하나 고민하는 신규, 저경력 선생님을 위해 썼어요. 물론 이렇게 말하는 게 무시하는 것 같아 언짢을지 모르지만, 저는 조금이라도 도움이 되고 싶은 순수한 마음입니다.

위의 세 구분은 제 의도일 뿐입니다. 이제 이 책은 지금 읽고 계신 여러분에게로 갔습니다. 어디서 어떤 메시지를 얻으셨을지 저는 모릅니다. 제가 말씀드린 것과 전혀 다른 생각을 가지신 분도 계실 테지요. 그래도 제 글을 통해 한 번 더 생각해 보실 기회가 되었길 바랍니다. 나아가 주변 사람과 의견을 나누며 더 좋은 방향을 함께 찾아갈 수 있다면 좋겠네요.

마지막으로 작년에 썼던 '제자를 남기고 싶지 않아요' 글을 남기며 마치려 합니다. 누군가의 기억에 남는 건 그만큼의 큰 무게를 지는 것 같아 두려워요. 그저 매 순간 진심을 다하겠습니다. 이 책을 덮고 나아갈 당신의 삶에도 마음을 다 바칠 무언가가 있기를 기도하며.

제자를 남기고 싶지 않아요

올해까지 6학년 졸업을 세 번째 시켜 본다.
초등학교를 아주 마치는 이별이기에 아쉬움도 크다.
힘든 만큼 보람도 큰 6학년이지만 난 굳이 원치 않는다.

나의 제자

예전엔 제자가 많은 것이 참 좋게 느껴졌다.
스승의 날, 연말이면 감사 인사와 선물을 보내오는
제자가 많으면 참교사,

제자가 없으면 실패한 교사인 듯한.

같은 수업 시수에 이왕 고생할 거면
5학년보다 6학년을 하시겠다는 분도 있었다.
아무리 5학년 때 잘해 주고 따랐어도
결국 6학년 담임을 기억한단 얘기다.
하지만 그래서 6학년이 더 부담스럽다.

나도 졸업시킨 아이들과 밥을 같이 먹기도 했다.
대학을 어디로 갈지, 진로 상담을
카톡으로 한참 해 주기도 했다.
이미 보낸 학생들한테 연락 오는 게
반갑고 뿌듯함이 있지만 어렵기도 하다.

주기적으로 제자들과 만나는 선생님이 참 대단해 보인다.
아무리 제자들을 아껴도 어떻게 그 삶을 유지할까.
난 그 정도 그릇은 되지 못하나 보다.

난 그저 너의 삶을 아무 문제 없이 살아 주기를 바란다.
나쁜 뉴스로, 슬픈 소식으로 이름을 듣게 되지는 않기를
내가 너의 어느 한구석에 녹아 조금이라도 도움이 되기를.

제자로서

교사가 된 후엔 스승의 날이 부담스러웠다.
학부모가 보내는 무엇이 김영란법에 걸릴까 봐?
아니, 내 스승을 찾아뵈어야 한다는 의무감에서다.

학창 시절에 담임선생님이 그러셨다.
착하고 말 잘 듣던 애들은 찾아오지 않는다고
꼭 말썽 부리고 많이 맞았던 놈들이 기억하고 찾아온다고.

나는 찾아가는 말 잘 듣던 학생이 되고 싶었다.
'자기 스승도 챙기지 않으면서 스승의 날을 받으려 하나'
어디선가 들었던 누군가의 말도 내 양심을 계속 찔러 댔다.

몇 년간은 혼자라도, 어색해도 찾아뵈었다.
그러다 바쁘다는 핑계로 카톡 기프티콘을 보냈다.
그 후론 메시지를 보내기도 애매해진 어려움을 느낀다.

그렇지만 선생님께서도 이해해 주시리라 믿는다.
나 하나로는 대화의 소재를 찾기도,
동창회처럼 분위기를 띄우기도 어려웠으니.

내가 내 제자를 생각하는 것처럼,
선생님께서도 내 삶이 평안하길 바라실 거라고.
(선생님, 제가 연락드리지 못해도 건강히,
행복하게 잘 지내시길 진심으로 바랍니다.)

제자리에

언젠가 결혼식을 갔다가 아내가 말했다.
"꼭 결혼식장이 부부를 찍어 내는 공장 같아.
저 안에 들어가면 한 시간 만에 부부가 되어 나오잖아."

어쩌면 학교도 같은지 모른다.
학생들이 왔다가 가고, 또 새로운 아이가 오고.
주기만 1년으로 길 뿐, 과정을 반복하는 건 똑같으니까.

하지만 그건 밖에서의 시각일 뿐이다.
결혼식장에 사람은 바뀌어도
그들의 사랑은 최상일 것이다.
교실에 아이들이 바뀐대도 난 그들과
작은 일에 분노하고 감동받으며 살아갈 것이다.

학생은 학년이 올라가고 어른이 되는데,
교사는 언제나 제자리에 있다.
그 자리에서 이별하고 다시 만나는,
도저히 익숙해지지 않을 일을 반복한다.
모든 걸 손에서 놓고, 다시 온 힘을 다해 그러쥔다.

난 멀리 있는 사람에게 굳이 연락하고
관계를 유지하려 애쓰지 않는다.
그저 함께 있는 순간에 최선이었으면 그것으로 만족한다.
아이들과의 만남도 그때가 나의 전부였으면 됐다.

떠나보내기 위해 새를 키운다.
그들이 어디로 가는지 나는 모른다.
부디 무사히 자신의 길을 찾아가기를
오늘도 난 나의 자리에서 새를 키운다.

삐딱한 나 선생의 학교 바로보기

초판 1쇄	2022년 11월 15일
글쓴이	나영상
펴낸곳	도서출판 단비
펴낸이	김준연
편집	이혜숙
디자인	김선미
출판등록	2003년 3월 24일(제2012-000149호)
주소	경기도 고양시 일산서구 고양대로 724-17, 304동 2503호
	(일산동, 산들마을)
전화	02-322-0268
팩스	02-322-0271
전자우편	rainwelcome@hanmail.net

ⓒ나영상, 2022

ISBN 979-11-6350-067-4 03370
책값 15,000원